Ⓢ新潮新書

北澤孝太郎
KITAZAWA Kotaro

「場当たり的」が会社を潰す

804

新潮社

「場当たり的」が会社を潰す●目次

章扉イラスト・タイム涼介

序章 御社は何を目指しているのか

利益をどう上げるか

今あなたが働いている会社の目的は何ですか。

そう聞かれて、すぐに答えることができるでしょうか。

「会社なんだから、利益を上げることに決まっているでしょう」

そう答える方もいらっしゃるかもしれません。たしかに、突き詰めていけば、会社の目的は「利益」になります。しかし、もう少し具体的に、丁寧にそれを説明してください、と聞かれると、会社によって答は異なってくるはずです。

「何が何でも業界トップの地位を維持して、利益を上げる」

「とにかく短期的でもいいから荒稼ぎする」

「一時的な利益よりも、長期的に利益が持続することを目指す」

「利益はほどほどでいいので、地域に貢献することを考える」

「他社の真似をせず、常にオリジナリティある商品を出すことで、利益を上げる」

いずれも「利益」を目指しているとはいえ、かなり異なります。ブラック企業とされる会社は、「荒稼ぎ」を目論んでいるのでしょうが、それが違法かといえば必ずしもそうとも言えません（経営力がないために結果としてブラック企業化しているだけの会社も多いことでしょうが）。

本書では、こうした目的のことを「思い」と表現します。会社は何らかの形でこうした「思い」を持つ必要があります。そして、その思いには強さが必要です。論理的な強さ、経営者の思いの強さが反映されたものであるべきです。

「強い思い」が共有され、それに皆が共感していないと、会社はうまく回りません。そこに向かう道筋、すなわち戦略、戦術などが「場当たり的」になってしまうからです。会社はなぜ「場当たり的」になるのか、そしてそれはどのように改善できるのか。これが本書のメインテーマです。

父はやる気がなかったのか

以前の著作（『営業部はバカなのか』）でもご紹介したのですが、私の実家はもともとは8代続いた老舗の呉服屋で、長襦袢《ながじゅばん》と仙台袴《せんだいばかま》（仙台平《ひら》のことをこう呼んでいました）を御所《ごしょ》に一手に納める豪商でした。江戸時代の終わり、6代目の頃は、家に美術館があったほど、京都でも何本かの指に入る大店であったようです。しかし、明治維新や遷都によって京都の人口は減少。そのあおりをご先祖たちはまともに受けました。さらに戦争、敗戦の影響もあって商売は先細るばかり。

戦後、9代目として後を継いだ父は、業績不振や呉服業界の行く末に不安を感じ、思い切った決断をします。写真屋に転業したのです。父は撮影や現像を主に担当し、母が営業レディとなりました。そして、この母が独自のアイディアと抜群の行動力を持っていたので、大胆な業態変換は成功したのです。

子供心に不思議だったのは、父のビジネス方針でした。母の活躍で、業績は伸びていったのですが、父はどんなに商いが拡大しても、社員を絶対雇わなかったのです。また、母がせっかく苦労して取ってきた商談であっても、価格が安いと断りに行かせていました。

「もったいないじゃないか」、これが側で見ていた物心ついた私の感想でした。

一度、父に思い切って聞いたことがあります。「なぜ社員を雇わないの?」「せっかくの仕事を断るの?」と。

「いずれおまえにもわかる」と言うだけで、それ以上父は語りませんでした。

父は怠け者だったわけではありません。幼稚園や小学校のPTA会長などを自ら進んで引き受け、忙しいときも店は母に任せて、その会合につき合って夜遅く帰って来ました。子供の運動会や習い事の送り迎え、発表会などがあれば、どうスケジュールを工夫したのか、必ず出席して写真を撮っていました。私が高校生になったときには、ロータリークラブに入り、母を連れて高級飲食店や海外旅行によく出かけるようになりました。

母の誕生日のたびに、高価な宝石などをプレゼントしていました。引退が近づいてからは夫婦で世界一周クルーズにも出かけていました。お前はこの家の10代目だと言って育てられた私は心配を通り越して、「おいおい、家の復活はどこへ行った？　そんなに使ったら事業を拡大する資金がなくなるだろうが……」と諦めの境地に至っていました。きっと父は自分たちで稼いだお金はすべて使うに違いない、と。

そんな父も7年前に亡くなりました。私は56歳を超え、紆余曲折《うよきょくせつ》あって今は研修講師業の傍ら執筆業や大学院で営業を教える個人事業主に落ちついています。そこで、父のことをじっくりと考えてみたのです。

父には、私が中年期に味わったような辛酸をなめる経験、あるいは紆余曲折はありませんでした。写真屋を始めるときには、おそらくそれなりの苦労もあったのでしょうが、その後は一貫して自由を手に入れていました。誰に縛られることもなく、お金にも不自由しない。やりたいことを仕事より優先する生活です。私がそれらしきものを手に入れたのは本当にごくごく最近のことです。

この差は一体何でしょうか。

子供はいくつになっても父親を超えられないとよく言いますが、そんな単純なものなのでしょうか。社会的な立場でいえば、私は大きな企業の役員になったこともありました。父より収入や、ある意味での社会的ステータスが上だった時期もあります。でも圧倒的に自由はありませんでした。

そのうえ、企業を転々とすることを余儀なくされた時期がありました。一度得た収入のベースを落としたくない――そんなことに振り回され、「場当たり的」に転職先を選んでいたからです。どこそこの大企業の役員といえば聞こえはいいですが、仕事に追われ、糧のために働く、そんな日々を過ごしていたのです。

よく考えてみると、父は、やりたい生活、仕事の仕方、家族の在り方などについて、自分の理想とする「在るべき姿」を明確に持っていました。老舗の家の跡継ぎに生まれたと言っても、家は落ちぶれ、家財を売って生計を立てるタケノコ生活で育ちました。女中や使用人がどんどん辞め、分家に顧客を取られていっても、何もできない祖父を見て、さぞかし口惜しかったでしょう。いいところから嫁に来た祖母は、そんな祖父をしり目に、蔵にある掛け軸や小道具を自分の小遣いにどんどん換金していました。

こんな経験から父はおそらく、こう考えたに違いありません。

「お金に不自由ない生活はしたい。しかし、従業員とのしがらみに気を使いたくない。家族に尊敬される存在でいたい」

これが父の「強い思い」だと考えると、すべては納得できます。従業員を雇わないことで、しがらみは持ちません。また、仕事のクオリティを下げないためには、安売りは厳禁です。「強い思い」のもと、彼は戦略を考えていきました。

決して新しいことに挑まなかったわけではありません。母が生み出したアイディアで、実行に足ると考えたものについては、自ら乗り出して実現していきました。戦略を実現するために一生懸命努力しました。

実行に足るかどうか、その判断基準には先ほどの「強い思い」があります。実行することが自分の「強い思い」に近づくことなのか、反することにならないか、培《つちか》ってきた構造や仕組みに合致していて、自分たちの力が発揮できるものなのか否か、そんな判断がまず先にあり、それに合致したとなれば、意志を持って物事を計画的に、用意周到に運ぶため、的確さが増したのだと思います。決してその場限りの「場当たり的」な考えで、仕事に踏み出さないのが彼の信条でした。

私は、何も身内の自慢がしたくてこの話を持ち出したのではありません。彼のものの考え方、仕事の仕方は、身内びいきを差し引いても、学ぶべきところがあると考えているのです。

あの経営の神様と言われた松下幸之助さんや稲盛和夫さんも、何かを成し遂げようと思えば、「強い思い」が必要である旨をいろんなところで語っています。小さな会社ではありますが、父の「強い思い」は母の共感を得ていました。

あなたの思いとは

あなたは、どう生きればよいか、自分の理想とする「在り方」はどういうものかを考えていますか。

会社の社長や経営幹部、また将来幹部を担おうという方であるなら、あなたの会社は、何をする会社なのか、世の中に何で貢献するのか、社員との関係性をどういうものにしたいのか、しっかり考えているでしょうか。そのうえで、その「強い思い」を成し遂げるために、それを実現する構造や仕組みは、よく考えられ、練られている状態でしょうか。

また、もっと若い方であるなら、あなた自身の「強い思い」は何か、あなたの日頃の行動や発言は、そのためのものになっているか。

実は、多くの会社、個人が、「ちゃんと戦略的にものを考えている」と自分たちでは思っているにもかかわらず、冷静に第三者から見れば「場当たり的」な言動を繰り返しているのです。

思いつきが多すぎる

かつて『上司は思いつきでものを言う』（集英社新書・橋本治著）という本がベストセラーになったことがあります。この場合、上司自身は決して自分が思いつきでものを言っている、つまり「場当たり的」な言動をしているとは思っていないのです。しかし部下はみんなそう思っている。

今、私は多くの企業から依頼されて、営業リーダーや、営業担当役員を対象とした研修を行なっています。名の通った企業もありますが、そこで語られている営業戦略・戦術には、恐ろしく「場当たり的」で、お世辞にもよく考えられている、練れているとは言えないものもあります。これでは、部下は、共感できず、モチベーションが上がらないだろうな、と感じます。おそらく彼らは何をしていいのか全く理解できないのではないか。また、場合によっては、結局は結果だけを求められて疲弊してしまうのではないか。そんな危惧を抱くことも珍しくありません。

このあと、具体的な経験をもとに論を進めていきますが、その前に一つだけ、お断りしておきたいことがあります。私自身が営業畑一筋でやってきたこともあり、本書でも会社の中でも営業についての事例を多く扱い、また営業の方法論（私はこれを営業ロジックと呼んでいます）を参考にしていきます。しかし、だからといって営業以外の人が「なんだ、私とは無関係じゃないか」と思わないようにしていただきたいのです。

多くの人が営業イコール「セールス」と捉えているのですが、これは間違いです。前著にも書いたように、私が言うところの営業とは、「業を営《いとな》む」こと、すなわちビジネスそのものです。決して、売買行為だけを指すのではありません。市場調査、商品開発、売買、アフターフォロー、ブランディング等すべてが営業の範疇に入る、と私は考えています。

こうした私の考えでは、会社で働いている人は何らかの形で営業と関係した仕事に携わっていることになります。ですから、本書は、営業専門の方以外にも通じる一般性があるものになっていると思います。

第1章では、会社や上司を「場当たり的」と感じてしまう理由、それを引き起こす原因について考えていきます。第2章では、逆に「強い思い」と「戦略」「戦術」の関係を示しながら、多くの人が陥りがちな罠について説明します。第3章では、営業ロジックを参考にした、「場当たり的」回避の方法を論じます。第4章では、正しい戦略を練るうえで必要な要素を示します。最後の第5章では、皆さんの所属する企業、組織の現状をチェックしていただきながら、総力戦を戦う組織をどう作ればよいのかアドバイスします。

本書が少しでも会社や自分について「場当たり的」だと感じている方のお役に立てればと考えています。

第1章
あなたが会社を「場当たり的」と感じてしまう理由

「場当たり的」とはなにか

「場当たり的」にならないためには、「強い思い」が必要だと序章では述べました。その思いを実現していくには、その構造、仕組みをしっかり考えたうえで、「戦略」を練り、それをしっかり「戦術」に落とし込んで何度もトライアンドエラーするべきです。

戦略と戦術の違いを野球で説明してみましょう。同点で9回裏ノーアウト満塁。1点もやれない場面。自チームの投手の球には勢いがあり、スタミナがまだ残っている。そのため、「次のバッターは、内野ゴロを打たせないで、三振で仕留める」という方針をベンチが立てたとします。

これがこの時点でのチームの戦略です。

この戦略に基づいてバッテリーは戦術を考えます。「1球目、内角をえぐるようなストレートでバッターをのけ反らせておいて、2球目は外角のスライダーで……」という具合に、やることを具体的にして順番をつけたものが戦術です。

ただし、戦術は、状況によって変化させねばなりません。もしも相手に手の内が読まれていると仮定した場合、当初の予定通りの配球にすると、フォアボールで押し出しの危険性が出てきます。三振は取れなくなります。戦略には一貫性が求められますが、戦術は臨機応変である必要があるとも言えるでしょう。

戦略そのものが論理的に構築されたものではなく、曖昧なままで、それ自体が状況にあわせて、ころころ変化してしまうとどうでしょう。当然、戦術も定まりません。プレイヤーたちは、何をどこまですればよいのかわからず、やることに焦点が定まらないのではないでしょうか。その結果、組織としては思い通りの成果を得られません。それに関わる人たちは、成長感も味わえず、場合によっては徒労感さえ感じてしまうに違いありません。

このように、よく考えられた戦略がない状態でとりあえず行動を起こすために方向性をきめること。それによって成果のあがりそうにない戦術が非論理的に提示されることを「場当たり的」と本書では定義します。

会社でいえば、「強い思い」は「大目標」とでも言うべきものです。会社内のすべての行動は、この「強い思い」を実現するためのものでなければなりません。強い思いを実現するための大きな方向性が「戦略」です。

その戦略の成功の可能性を高めるために「戦術」は存在しています。多くの社員が日々の仕事において実行に関わっているのは、「戦術」です。たとえば「業界シェアナンバー1を維持し、利益を上げ続ける」という「強い思い」の会社があるとします。当然、会社の企画、営業、サービスはその「ナンバー1」を維持することに資するものでなければなりません。

しかし、一方で各部署や個人は毎日「業界シェアナンバー1」を目指して、それに自分自身が合点のいくものののみを選択して行動するわけではないでしょう。その大目標の実現のために、経営者や上司が考えた戦術を実行し、戦略を成功させるために、具体的な行動を取らなければなりません。それは「1日100件訪問」の場合もあれば「古くからの顧客への手厚いサービス」の場合もあるでしょうし、「ナンバー2の会社の顧客の奪取」かもしれません。

このように文字にすると、当然のように思われるかもしれないのですが、実際の会社では「強い思い（大目標）」と「日々の課題、行動目的」、あるいは「戦略」と「戦術」とが混同されていることが珍しくないのです。

個々の社員レベルで考えれば、日々の仕事は「戦術」に則《のっと》ったものです。その「戦術」は上司が部下に示したものです。部署全体の「戦略」は多くの場合、その上司（部長など）が示すことになるでしょう。ですから、社員から見れば「戦略」は部長が打ち立てるもの、というのが実感かもしれません。

いずれにせよ「戦術」は「戦略」に規定され、「戦略」は「強い思い（大目標）」に規定されるという関係にある。この構造を理解しておく必要があります。しかし、こうした理解がないと、「強い思い」と「戦略」と「戦術」との関係が整理されないまま、方針が打ち出されるのです。

根拠なき戦略

実際に、筆者は研修の打ち合わせの現場において、そういう「戦略（もどき）」を多く目にしてきました。先日、ある大手企業の役員、本部長研修の前に打ち合わせに行き、各事業部の今期の戦略を事前に見せて頂いたときのことです。そこに並んでいたのは、それぞれの部署の「戦略」なるものでしたが、いずれも私には「戦略」の名に値するものには思えなかったのです。「場当たり的」なのです。早速、私はその役員、本部長らに話を聞いてみました。まずはＡ本部長です。彼は担当部署の今期の「戦略」として「売上対前年度８％アップ」を掲げていました。

「本部長、この本部の第一の戦略は、売上対前年度8%アップを掲げておられます。つまりこれがこの本部の大きな目標ということなのでしょうが、根拠はなんでしょうか」

「根拠？　そんなものありませんよ。しいて言うなら、前年が5%アップという目標を掲げていたにも拘らず、3%ダウンに終わったのです。当然、挽回してそれを超える目標を掲げなければなりません。このままでは、当部も危うくなりますからね。売上を上げることが第一優先です」

「なるほど。では、それを成し遂げるための戦術はなんでしょうか」

「今、それを考えるように部下に指示を出しているところです」

「本部長ご自身は、戦術は考えられないのですか。もし、的確なものが上がって来なければどうされるのですか」

「そのときは私が出しますが、私はあくまでとりまとめ役です。部下に考えさせて、実行させるのが本部運営には一番いいのです。結果はみんなの責任という意識になりますから」

「では、昨年3%ダウンに終わった原因は、なんだとお考えですか」

「それも今分析させています。なかなか難しい状況があるようです。ただ、私が感じるのは、訪問数が圧倒的に不足しているということです。先日の本部会議でもそのことを指摘し、1日3件の訪問、それを評価に反映させると宣言したところです」

ここまで聞いて、私は恐ろしさすら感じ、これ以上の質問は無駄だと判断しました。A本部長の「戦略」のどこが問題なのでしょうか。

まず、そもそも「8%アップ」は戦略ではありません。単なる目標数値を戦略と称しているのです。

しかも昨年3%ダウンに終わったのにも拘らず、原因を自ら摑んでいません。摑もうともしていません。そのダウンは不可避のものだった可能性だってあるのです。

それなのに、「挽回する」という方針と、数値目標だけを決め、その方策は部下に丸投げしています。さらに、自分の役割を自分で決め、責任を部下に押し付けている。

しかも、恐ろしいことに、何の根拠も持たず自分の直観で、業績の悪かった一因は、訪問数不足だと決めつけ、評価にまで反映させると、半ば強制的に実行を促しています。

この半端ない当てずっぽう感、武器なしで強制的に戦わせる超無責任感は何でしょうか。本部会議の場で思いついたような「場当たり的」なやり方を指示するのは、大問題です。読者の方の中で、「いいじゃないか、訪問数は業績に直結する」「部下に方法を考えさせるなんてなかなかの人物だ」なんて共感された方がいるならば、既にものすごく「場当たり的」な人になってしまっています。とてもこれからの組織を任せられるような人ではありません。

組織内の力学だけ見る役員

少し論理的に考えればわかるはずです。そもそも訪問数不足が原因なら、1年も放置しておく必要はありません。どうしてこの本部会議で突然言い出したのでしょうか。たとえ、百歩譲ってそれが原因だとしても、ただ単に訪問すれば実績は上がるという根拠はどこにあるのでしょうか。

確かに命令を下した瞬間は、刺激的な方針と受け止められるかもしれません。厳しいノルマで一瞬、社員に緊張感が走ることでしょう。しかし、もしそれで実績が上がらなかった場合でも訪問社数を評価に反映させるのでしょうか。働き方改革が叫ばれる中、徒労に終わらせたら責任はとれるのでしょうか。

A本部長には、独りよがりの考えや主張はあっても、組織を動かす筋道というものが見えていません。それを考えた形跡すら見られないのです。

実は、こういう人の思考法の背景にあるのは、「このままでは自分の評価が低下してしまう」という不安です。一方で、それを回避するためにはどうすべきか、という社内の力学には敏感です。自分が考える力がない分、部下に考えさせるという名目で責任を分散させようという「知恵」も感じられます。

こういう人は、前年の業績が悪いと、あえて高い目標値を掲げがちです。これによって、自分は頑張っているのだ、とアピールできるからです。仮にその目標を達成できなくても、問題ありません。さらに別の高い目標を再設定したうえで、同様の指向を持つ上司にアピールし、再挑戦の機会をもらうように動くのです。

仮に前年の業績がいい場合には、翌年の目標値は抑え目にします。そのうえでさほどの根拠もなく「今年の市況は厳しい」と表明します。そうすれば、あまり伸びなくても責任を問われません。

私は、こういうタイプの言動を「力学優先型場当たり的症候群」と呼んでいます。

忖度型の「場当たり的」役員

別の本部長Bさんとも話をしました。

「B本部長は、生産性向上という方針を掲げられていますが、それはどうやって実現するのでしょうか」

「それは、時間が経てば、経営企画や人事から全社的な施策《しさく》が下りてきます。具体的な方策はそれからですね」

「それからですか。ならなぜ第一にそれをあげておられるのですか」

「生産性向上は、社長が出された全社方針です。我が社にとって、社長が出される方針は、部門を預かる私としては、もっとも取り組まなければならない課題です」

「であるなら本部長ご自身としては、どうやってそれを成し遂げようとお考えなのでしょうか。具体的な方策を方向性だけでもお聞かせ頂けませんか」

「もちろん、働き方改革の中で、残業を減らすことは当たり前です。プレミアムフライデーの実施も人事に確認していち早く導入しました。実際、テレビでも残業を減らして業績が上がったケースが多く報道されています。当社も早くそうなるべきです」

「それで生産性は向上するとお考えなのですね」

「まず、今何が一番大事かを考え、実行することが大事なんです。方策は、それから考えます。何とかなりますよ」

ここまで聞いて、やはりこれ以上は何も出てこないと感じました。確かに、社長の方針をいち早く掲げ実行しようとしている点では、上司からは覚えめでたいのかもしれません。

ただ、彼自身が戦略と戦術を考えている気配は、全く感じられませんでした。この方が恐ろしいのは、生産性向上を掲げているにも拘らず、その手段を残業を減らすことだけに帰着させ、具体的なことは経営企画や人事の出方次第と考えているところです。

「生産性を向上させる」というのは大きな方針としてはありえるのでしょう。本気で社長がそれを掲げ、訴えているのであれば会社の方針、すなわち「強い思い」となりえます。「ワークライフバランスを重視し、働きやすい職場を作ることによって生産性を上げて、結果を出す」というのならば立派な方針でしょう。

しかし、Ｂ本部長はそれを社長から聞いて、そのまま下に伝え、具体的な方策（戦術）は他部署や部下からもらうと言うのです。できる限り人の出方を考えて行動しているので、結果が伴わなくても責任は回避できるとでも思っているのでしょうか。

このまるっきり人任せな感じ、考えないで先に実行してしまうとりあえず感、それなのに何とかなると楽観的な見方を口にするのもまた「場当たり的」な振る舞いだと言わざるをえません。

こういう人は、もし社長の方針が変わったら、すぐに自分の主義主張まで変えるでしょう。経営企画や人事から施策が出されたら、いち早く採用するかもしれません。一見、スピーディで物わかりがよく映るかもしれませんが、それが部署や自分のビジネスにどう影響を及ぼすかとか、そこに問題点はないかといった検討をした形跡がありません。

結局のところ、社長の打ち出した方針に従うことが最優先なのです。こういうタイプは「忖度《そんたく》優先型場当たり的症候群」に分類できます。

正論の恐ろしさ

ここまでの本部長のように、あからさまに「場当たり的」な戦略と戦術を示さなくても、もっと罪深い「場当たり的」な人は存在します。別の会社ではこんなことがありました。

「本部長、この本部が第一に掲げておられる『原点回帰』という戦略にはどういう意味があるのでしょう」

「そもそも我が社の創業者は、顧客第一ということを方針にして大きな会社に育て上げられた。そのことを皆忘れているのです。顧客の要望をしっかり聞いて、それに応えるのがソリューションだと思います」

「なるほど、他の本部にはそういった考えがないのですか」

「ターゲット毎の新商品開発や科学的手法の導入などを声高に掲げていますが、顧客の視点、顧客第一主義を忘れている。私は、それではダメだと思うのです」

「本部長の言われる顧客第一主義とは、具体的にはどういうことをするのでしょうか」

「それは先ほど言いましたように顧客の要望をしっかり聞いて、それに応えることです。それこそが我が社の向かうべき方向です」

「言い返すようで申し訳ないのですが、顧客の要望を聞いても、今の実力で応えられなかったらどうするのですか。やはり、ターゲット毎の新商品開発や科学的手法の導入は必要なのではないのでしょうか」

「そうかもしれませんが、それだけではダメなのです。基本的なことができないのでは、次に進んでもすぐ瓦解してしまいます」

「なるほど、ではその基本的なことを実現するために、本部長がどうしてもやらせたいことはなんでしょう。それができるようになる戦術とでも言いましょうか」

「それは、それぞれの部員が考えることです。私は、それを成し遂げるための基本的なものの考え方を言っているのです」

とても押しが強い人でしたので、たぶん彼に「顧客第一だ」と言われると、部下たちは私のようには反論できず、ただその通りだと聞くしかないのだろうということが容易に想像できました。

彼が恐ろしいのは、誰も反論できない一般論を持ち出して、他の本部や本部長を批判している点です。抽象度を上げることで、正論を述べていると思わせるというのは議論のテクニックの一種です。

「顧客第一」といった主張は誰も否定できないものです。問題はそれをどう実現するかなのに、そこでの戦術は示していません。

本部長が否定するターゲット毎の新商品開発や科学的手法の導入は、顧客第一を実現するための戦術である可能性は十分あります。しかし、「顧客第一主義」を掲げていないからだめなのだと抽象度を上げた一般論でそれを否定します。一般論を大声で語り、具体論より上位に立ち、自分の主張の方が正しいと思わせているのです。

こういう人は、会社の方向性が正しいかどうか、部下がそれによって成長するかどうかなどは真剣に考えていません。

まず自分の立場が守られるか、自分の立ち位置が侵されないかを優先して考えるタイプです。先ほどの「力学優先型」タイプと似ているようですが、こちらの場合は自分で築いた立ち位置を守るために理論武装をしている点が特徴です。「力学優先型場当たり的症候群」の人は、あくまでも社内の力学を利用して自分の立場が良くなることを考えます。一方で、こういう人は自分の立場さえ確保できれば具体論にはあまり興味を示さなかったりします。

結果として、立派な一般論とは裏腹に、彼の打ちだす戦術は対症療法的になります。対症療法的な手法というのは、とりあえず問題を回避する、短期的にしのぐという点においては優れていますが、抜本的対策を考えない、実行しないという点において、結局はだんだん状況が悪くなる打ち手です。

彼の言うことを聞いてしまうと、最初はいいと思うかもしれませんが、結局先が見えなくなり、徒労感満載のうちに打ち手を止めることになってしまうでしょう。私は、こういう人を「自己優先型場当たり的症候群」と呼んでいます。

無意識も原因に

こうした上司たちに遭遇したとき、まともな人ならば「場当たり的」だと思ってしまうに違いありません。彼らが発するいかにももっともらしい言葉は、少し考えてみると、論理性に欠けているのです。

なぜそうなるかといえば、会社の将来や、マーケットの状況、現場で行われていることなどを深く考えないままに出されている、「場当たり的」な方針だからです。

さらにいえば、本章の最初に述べた「戦略」と「戦術」の区別もついていません。

会社全体の「強い思い」は何か。それを実現するための「戦略」とは何か。その「戦略」を進めるには、どのような「戦術」が必要なのか。

これらについては、きちんとしたデータや論理に基づいて、言語化がなされなければなりません。しかし、往々にして、「何となく」で数値目標が定められたり、一部の人の経験則をもとに戦術が練られたり、空疎なスローガンが唱えられたりするのです。

そんな指示や命令に従うのは、自身が「場当たり的」でない人にとって極めて耐え難いことでしょう。悲しいかなそれを思わせてしまうのが社長や役員クラスということもあり得るのが、日本の企業の現状かと思われます。

私の大失敗

かく言う私も、偉そうに言えません。かつて本部長として、「場当たり的」な戦略を作って大失敗しかけたことがあります。

２００２年、ソフトバンクテレコムの音声事業本部長に就任したときのことです。それまで営業本部長など営業の責任者の経験はありましたが、事業本部長という立場で組織を動かす役割になったのは初めてのことでした。簡単に言えば、売上を作るために、その売り方や人員構成などを考える立場から、事業を成り立たせるために、設備や商品やサービスの在り方を考える立場に変わったということです。当時、ソフトバンクテレコムの音声事業（固定電話事業）の売上は約１８００億円。まさに会社の屋台骨を支えているといってもいい存在。そんな事業の責任者に抜擢されただけに、私は、とても肩に力が入っていました。

その頃、ソフトバンクグループは、固定電話のラストワンマイル（NTTの局から使用者までの所有権）をNTTからソフトバンクテレコムに変更させる「おとくライン」プロジェクトがひと段落し、ボーダフォン（ソフトバンクモバイル）を傘下に買い戻して、いよいよ携帯電話事業を加速させようとしている時期でした。ソフトバンクの更なる飛躍が、この携帯事業にかかっていたのです。

しかし、当時のソフトバンク携帯の評判は芳しくありませんでした。先行のNTTやauに比べて、「繋がらない」「繋がってもよく切れる」といった悪評が目立っていたのです。このままでは、とてもトップの孫（正義）さんが掲げる販売目標には到達できない、というのが社内の大方の意見でした。

ただ、繋がりにくいのには、明らかな原因がありました。前任者が、アンテナ設置の投資を極端に控えたからです。当時の会社経営者に対する評価は、一定期間（短期的な場合が多い）に営業利益をどれだけ稼ぎ出したか、それによる株の値上がりや配当で株主にどれだけ還元したかで決まる風潮がありました。前任者も、「投資を抑えて営業利益を確保したお蔭で、本国の副社長にまで昇進した」と揶揄されていたほどです。

ソフトバンクテレコムは、ソフトバンクモバイルの代理店、つまり販売面を担当することになっていましたので、アンテナの問題はけっして他人事ではありません。実際に私の元にも多くの声が寄せられていました。

「北澤さん、このままでは戦争に勝てません。いろんな人脈を使って自前のアンテナを増やすことに協力すべきです」

私は、この「人脈」という言葉に無意識に反応してしまっていました。過去のプロジェクトでは、商社や各種業界の影響力のある人の人脈を通じて本部の売上を伸ばして来たという自負が私にはありました。音声事業本部長の初めての大仕事として、ＮＴＴやａｕの後塵を拝さないためにも、一気にアンテナを建てる方策を提案しよう。そう私の心は定まりました。

まず、目を付けたのが各地域にある電力会社です。携帯電話のアンテナは、彼らの鉄塔ととても相性がよかったのです。それぞれの電力会社に影響力ある商社を選定して、そこで会長、社長クラスに人脈のある人を探しました。それを辿って面識を得たのちに会食などを経て、ある程度の感触を得ました。簡単に言えば、資金さえ出せば、ほとんどは話に乗ってくれそうだったのです。

私はその感触を提案書にして、上司となる孫さんと当時副社長の宮内謙さんらに持っていきました。もっとも影響力のある人に、ありとあらゆる手段で迅速に会って結論を得る。これは前職のリクルートで培った私の常套手段でした。

しかし、それを聞いたトップたちの反応は、とても冷ややかなものでした。

「今、繋がらないとか、繋がっても切れるとか言っているのは、どんな人で、その場所はどこなんだ。俺たちが目指すのは、主婦や学生など多くの人が普通の電話と同じように携帯電話を使える世界だよ。もし、君がこの仕事を手伝えることがあるとしたら、基本料金980円で、ソフトバンク同士は通話無料というプランを法人にも売れるようにすることだよ」

トップの戦略を理解できていなかった

私はここでようやく大きな勘違いに気付かされたのです。

当時、まだ料金が高かった携帯電話を使えた人は、企業で言えば部長クラス以上の人たち。その彼らが声高に「繋がらない」と言っていたのは、ゴルフ場やビルの地下などでのことでした。先行2社に比べてこの点で劣っていたのは事実です。

一方で、先行2社の基本料金は月３９８０円と高額で、そこから膨大な利益を得ていました。上場企業である彼らは、利益を損ないかねない値引きは簡単にできません。株主から責められるからです。

孫さんが考えていた戦略は、その間隙を縫うことでした。つまり彼らがすぐに実現できない値引きをして、圧倒的な価格差（基本料金９８０円）で、主婦や学生を取り込み、シェアを逆転してしまおうというものだったのです。

「サービスでは劣っても、まずは低価格でシェアを拡大してトップを狙う」

これがトップの戦略であり、それは考え抜かれたものでした。ところが私は勝手に「先行2社に劣らないクオリティを得て、シェアを拡大させる」という戦略をもとに戦術（アンテナの設置）を立てていたことになります。

私は恥ずかしくて穴があったら入りたいような気持ちになりました。市場や置かれている状況などを考えることもなく、ただ周囲のスタッフの声に反応し、多くの時間を費やしてしまいました。それこそ、「場当たり的」な戦略を勝手に立てていたのです。

この失敗の原因は何か。私は「ソフトバンクが目指すものは何か」「携帯電話事業とは何か」「携帯電話がもたらす世の中はどんなものか」など、事業本部長が考えるべき大きなテーマを考えることを怠っていました。そのうえで「どうすれば皆がセールスをやり易くなるか」という身近な声に反射的に動いてしまった結果です。

もちろん、無意識にせよ、前述の力学への意識、上司への忖度等々、自己を優先する「場当たり的」の要素もすべて入っていたような気がします。孫さんや宮内さんは、このことを痛烈に教えてくれました。

このような例は、ざっと市場を見渡してみても、枚挙にいとまがありません。例えば、キリンビールは、いわゆるドライビール戦争で、ライバル社に負けたことをきっかけに、方針を転換しました。「市場はもはやラガーの濃厚な味を求めていない」と考えて、主力商品のラガーの味を変えてしまったのです。その結果、本来のコアなファンまで失ってしまいました。カン違い、あるいは早とちりだったのです。

キリンビールはその後、クラシックラガーを出すことで挽回を図りましたが、一度離れてしまったファンを取り戻すまでには至っていません。何が自分たちにとって大事で、いま何をするべきかの考察を怠った「場当たり的」戦略による失敗の典型と言えるでしょう。

逆の例としては日清食品が挙げられます。同社は即席麵のチキンラーメンを開発して、世に出ました。発売してかなりの間、「屋台で食べるラーメンに比べたら全くおいしくない」「油で揚げているので健康に悪い」などと随分批判、揶揄されたと聞いています。

しかし、同社はそうした声に惑わされませんでした。創業者の美味しいものを便利に安く提供したいという「強い思い」は、世間の風潮に合わせた商品改良を行うのではなく、さらに便利なものを追求するという戦略に昇華し、カップ麺のカップヌードルを世に出すことに成功しました。いまや世界中で愛される食品となり、そのサクセスストーリーはＮＨＫの朝の連続テレビ小説の題材にまでなっています。「場当たり的」なことに振り回されなかったからです。

世代論からの分析

なぜ人は、「場当たり的」な行動をとってしまうのでしょう。また、なぜそういう振る舞いをする上司がいるのか。先ほどは、主に個人的動機の面から見てみましたが、もう少し大きな背景もあると私は考えています。

まず、世代論的な背景があります。

今、多くの企業でリーダー的な役割を担っているのは、40代～50代後半です。新人類など揶揄された人口ピラミッドの窪み（昭和36年〜40年生まれ）付近の世代か、それよりもう少し若いバブル世代（昭和41年〜45年生まれ）が中心で、団塊ジュニアの第一世代（昭和46年〜49年生まれ）もすでにそういう年齢に届きつつあります。ちなみに私は、新人類世代に属します。

それよりも上の世代にあたる団塊の世代は、企業が高度経済成長の真っただ中にあるにもかかわらず、親世代には生活の余裕がなく、また第一次ベビーブームで兄弟も多かったことから、自身で生計を立てることを迫られた世代です。世の中全体が豊かになっていくことが、国家や社会の最大の目的で、そのための仕事は、会社から与えられ、指示されました。そして、その指示に従うことこそが生きていくための手段であった時代です。「頑張れば必ず報われる」、その実感が染みついた世代です。

私たち新人類世代は、そんな団塊の世代の上司や先輩に育てられました。日本の国際社会の中での地位が高まり、ビジネスが成熟するとともに、ひたすら量的拡大を求められました。団塊の世代の作りだした経済のさらなる量的拡大を求められた、とも言えます。

仕事を効率的に進める社員が優秀とされ、ひたすら問題解決技法やマネジメントを訓練させられました。私がリクルートに入社した頃は、膨大な仕事量をこなすために、休日出勤、残業は当たり前。「仕事量をこなせない奴はバカ、ＰＤＣＡを回せない奴は無能」と檄を飛ばされたものです。

その次のバブル世代になると、単純に量をこなすだけでは評価されなくなってきました。企業に余裕もあったのでしょう、新しいことをやるプロデュース力が求められた世代です。

しかし、新しければなんでもよいという感じの安易さがあることも否めないのがこの世代の特徴です。「何をすべきなのか」をじっくりと考えるよりもまず動く、まず提案するという癖がついてしまった世代だとも言えます。

地道なビジネススタイルを身につけるべき時期にも、格好いい仕事、見栄えの良い仕事を追い求めてきた。そういう傾向が見られる世代です。時代がそういうやり方を求めていたという面もありました。少し上の我々世代は、彼らの活躍を見ながらも、「少し詰めが甘いんだよなあ。尻ぬぐいさせないでくれ」と心の中で叫ぶこともありました。それでいて、同調せざるを得ないところもあり複雑な心境でした。

団塊、新人類、バブルの３世代に多く共通するのは、激しい生存競争の中で何をすべきか、なぜそうするのかを考えるより、どのようにすればよいのかを必死で考えてきたということです。景気こそ良かったものの、同期入社が極めて多かったので、社内での生存競争は激しかったのです。Ｗｈａｔ（何を）やＷｈｙ（なぜ）より、Ｈｏｗ（どうやって）に重点を置かされて生きてきた人たちだと言えます。

バブル世代だけは、仕事は与えられるものではなく自分で作り出すものだと考える傾向が強かったので、少し意識が違うかもしれませんが、それでも本質的には変わらないと私は見ています。「どんな新規事業をやればよいのか」「なぜその新規事業がいま必要なのか」という大きな問いに向き合うことなく、「どのように新規事業を生み出せばよいか」、つまりＨｏｗを中心に考えてきたのが、この3世代です。

要するに、何をやるべきかやなぜそれをやるのかといった本質的なことは考えず、与えられた課題のやり方さえ必死で考えれば、生き残っていけた世代と言えます。豊かになった日本は、バブルが完全に弾けて、リストラの嵐が吹き荒れるときまで、こういうやり方を許容したのです。「考えるより、まず動け」が基本行動原則でした。

「わが社の創立の理念とは何か」「この部署の存在意義はどこにあるのか」「この仕事の大目標は何か」といった大きな話をする人は少なかったし、いたとしても面倒な奴だと言われたことでしょう。むしろ「この件、どうやればスムーズに進められるか」「どうすれば今期の目標が達成できるか」を考える人が評価されたのです。

「とりあえずビール」のような調子で、「とりあえず動ける目標」を「場当たり的」に置いてしまうのは、こういう仕事の進め方を要求され続けたからだと思います。目的は世間や会社から与えられるものであり、あくまでもＨｏｗの秀逸さで戦う。その切磋琢磨を続けてきた世代なのです。

３世代とも、世の中が混沌とし、多様化し、目的や価値を自分で決めなければならない現代のような時代を経験したことがありません。どうしたらいいのか迷っています。結局、「とりあえず」その場しのぎの方針を立て、戦略を打ち出す。自分たちの癖である「場当たり的」な行動をしてしまうということが多く見られます。

ちなみに、社内で中堅となりつつある団塊ジュニア第一世代についても触れておきましょう。現在、彼らの多くは右の3世代の部下です。彼らは、２０００年前後の日本経済が完全に停滞し、採用数も激減したいわゆる「氷河期」に社会人になりました。企業倒産や合併、リストラを目の当たりにしたからでしょうか、自分のキャリアは自分で守るという意識が強く、プロフェッショナル志向が強いのが特徴です。実務志向という点

において は、変化の時代に強いのかもしれませんが、我々世代からみると、組織を担って欲しいのに、管理職志向、ゼネラリスト志向に欠け、どこかこぢんまりとして迫力に欠ける面が見受けられます。

長い間プレイヤーとして使われていたため、組織を回す経験が乏しい。本来、組織人としては、小さな組織でも自分で動かすことを経験しないといけない時期があるのですが、そうした経験を積ませてもらえなかったからです。

組織を作り、運営するにあたって必要な力が養われなかったことになります。前記3世代の「場当たり的」とは少し違いますが、実力不足ゆえの「場当たり的」対応をとることが多いと思います。こうした人をどう育てるかについては後述します。

タテ社会の追随傾向

話をさらに広げれば、日本人の持つ特徴も背景にあると思います。

我々日本人は、かなり強いタテ社会の構造の中で生きてきました。今もその構造は基本的に変わっていません。我々は、個人の属性による類似性よりも所属（自分はどんな組織、地域に属しているか）による共通点を強く意識します。そして、その中での序列をとても気にします。

タテ社会とは、序列による「タテ」の関係を重視した社会構造ということです。この序列を意識する社会では、どうしても同種、同類の「ヨコ」の関係よりも、自分が所属している組織、地域でのエモーショナルな人間関係を重視してしまいがちです。具体的には会社外の友人よりも会社の中での上司部下や同期の付き合いを優先するという具合です。さらに同類同士は、敵であるという意識を芽生えさせます。同じ業種の他社の営業マンは敵であるという意識です。わかりやすいのが労働組合です。

同じ営業マン同士だから、お互い協力して経営者に労使関係の改善を訴えようという風には日本では決してなりません。これは日本では当たり前ですが、諸外国ではそんなことはありません。

このタテ社会の構造が、実は「場当たり的」行動を加速させる要因になっています。まず、「同類は敵である」という意識は、同類との間に差が生じた場合、その差を何としてでも埋めようという行動を生み出します。その差をそれぞれの特徴と容認することができないのです。

身近な例では、民放テレビ局の番組構成はその性質をよく表しています。どこのチャンネルをひねっても同じような時間にニュースがあり、バラエティやドラマなど同じような番組が並んでいるでしょう。本来、クリエイティブであるべき業界であっても、基本的には横並びを目指すのです。

みなさんの会社でも、同業他社が行っていること、商品・サービス、組織、制度などを見て、差がでないようにとりあえず真似をする努力をしていないでしょうか。「ヨソはヨソ、ウチはウチ」と独自路線を悠々と歩む企業は極めてまれです。たとえ同業であっても、「思い」はまったく別であってもいいはずなのに、です。

つまりここでも「わが社の創立の理念とは何か」「この部署の存在意義はどこにあるのか」「この仕事の大目標は何か」といった大きな話は「さておいて」となります。その代わりに「ライバル社がこんな手を打ってきた。早速対応をせねば」となります。大きな話は敬遠されるのです。

このように自分たちの生き方、在り方を考えるより、まず差ができない力学を考えてしまう。それが「場当たり的」に動いてしまう原因になります。

頑張りの弊害

タテ社会では、それぞれの「能力差」より、「頑張り」を判断基準にする方が感情的に収まりがよいという面があります。我々日本人には、「頑張れば報われる」というタテマエ、よく言えば平等主義が染みついています。我々の民主主義は、弱者も貧者も、強者や富者と同等に扱われることを前提にしています。

もちろん差別はよくありませんし、格差も可能な限り是正したほうがいい。とはいえ、全員を平等に扱うことは不可能です。ところが平等を求めるあまりに、ともすれば結果よりも過程、すなわち「頑張り」を過大に評価する風潮があります。裏を返すと、能力が劣ろうが、頑張ってさえいれば自分にも偉くなれる権利があると思い込みやすい人がいる。

こうなると、自己優先型の「場当たり的」行動をとる人が生まれやすいのです。

こういう社会では、リーダーの権限も制限されます。本来、変化の時代には、自らの能力を発揮してリーダーシップをとり、人を動かしていくことが求められます。しかし、タテ社会では、リーダーの役割は、親分的な行動、つまり子分の気持ちの調整役となってしまいがちです。

なぜなら、タテ社会では、人の風下に立つ心理的負担がとても大きいのです。そのせいで「あいつの言うことを聞くくらいなら死んだ方がまし」などと勝手なことを言う人が常に現れます。その手の不平分子をなだめながら、なんとか働かせるのがリーダーの仕事になってしまうのです。だからこそ、日本では能力より、年長者で、人の気持ちを忖度できる人間がリーダーにふさわしいとされて来ました。

その結果同情主義的な人事がはびこり、ぬるま湯的な風土を醸成してしまっています。「なんであの人が偉くなるの?」と、自社の「場当たり的」人事に驚かされることが多いのは、この忖度優先のタテ社会独特の構造が大きく影響していると言えるでしょう。

人間心理のバイアス

最後に人間が本来もっている心理的バイアスの問題にも触れておきましょう。人間には、頭ではわかっていてもどうしても論理的に行動できないという性質があります。

例えば、身近な小さな確率の方を過大に評価してしまう。「宝くじ」や「大災害」など、実際にはほとんど起こらないことをひょっとしたら起こるかもしれないと思ってしまうのがその代表でしょう。かく言う私も、毎年年末にはついつい宝くじを買ってしまいます(実際には1万円以上当たったことは一度もありません)。

多くの方は、地震対策の防災グッズを家に取り揃えておられるでしょう。それは大切な備えでしょうが、一方で地震よりも実際に高い確率で起こることは、「たぶん大丈夫に違いない」と考えがちなのではないでしょうか。たとえば暴飲暴食による肥満、過度な喫煙、不規則な睡眠等によって健康を害したり、成人病になってしまう確率の高さは医学的に証明されています。それなのに「自分だけは大丈夫」と思って「まあいいか」と体に悪い習慣を改めない人が多くいます。

本来「健康で長生きする」という「強い思い」がある場合、戦略や戦術は限られています。しかし、多くの人が冷静な判断ができません。「場当たり的」に行動してしまうのです。

これは、リスクを冷静に算定できない心理が影響しているからでしょう。

自分で決めたことと他人が決めたことを比べると、同じことでも自分で決めたことの方を正しいと思うのも、同種のバイアスです。

自分の選択に関することには、いろんなマイナスの情報が目に飛び込んできても、自身の決断を補強するような情報やデータばかりを選択して取り入れる傾向もあるでしょう。自分の決めたことを否定するような情報やデータは目に入りにくいものです。

自分の努力と他人の努力も、自分の努力の方を重視しがちです。結果が出ないのは、なにか前提が不平等なのに違いないと思ってしまって、他人の努力を認めない人が結構多いのではないでしょうか。

人間は、変化することで得られる利益よりも、それを変化させることで失うものの方を大きく見積もり、変化に向けた行動をやめてしまう傾向があります（これを現状維持バイアスと言います。拙著『営業力１００本ノック』〈日本経済新聞出版社〉でも詳しく取り上げました）。この傾向のために、せっかく変化に対処する計画を練ったとしても、いろんな理由をつけて止めてしまうことが多いのです。

また、将来大きな利益が得られることが分っていても、現在の小さな利益と比較して、目先の小さな利益を選択してしまう傾向もあります。これは、現在志向バイアスと言います。

たとえば社員への教育投資を続けていくと、将来必ず大きな利益をもたらしてくれることが分ってはいても、当期が減益になりそうになると、多くの企業では、その投資を削ってしまいます。赤字になるならまだしも、わずかな減益を極端に気にして大切なことを止めてしまうのは、「強い思い」や戦略を忘れてしまっているからだと言わざるを得ません。

人間はそもそも論理的に自分の理想に向かって計画的に行動するのが難しい生き物なのです。結構その場その場で、「場当たり的」に生きています。それでもなんとかなるといえばなるのでしょう。

しかし、人生の転換期になるようなときには、「場当たり的」な対応をしていいはずがありません。そんなことをしていると状況はますます悪くなる一方でしょう。

バブル以降、多くの大企業、有名企業が倒産したり、破綻寸前に追い込まれたりしました。その理由は様々でしょうが、一つの典型は「強い思い」をいつの間にか忘れてしまったことにあるようにも見えます。

本来、取引先のビジネスを支援するのが仕事だったはずなのに、いつの間にか取引先を騙してでも利益を上げるようになった銀行もありました。

また、本業を忘れて「儲かれば何でもいい」とばかりに、不動産などの投資に邁進してしまったがゆえにバブル崩壊のダメージをもろに受けてしまった企業もあります。

利益をお客様に還元するのではなく、社員や会社ＯＢに手厚く分配することで、経営が苦しくなった企業もあります。

実はバブル崩壊以降、大変な目に遭った企業はどこかで「場当たり的」な行動をしてしまっていたのではないでしょうか。

そんな憂き目に遭わないためには、「場当たり的」な発想や行動を排し、戦略を立て、計画的に行動しなければなりません。

そのためには何を意識すればいいのでしょうか。次の章で詳しく触れたいと思います。

第2章

「場当たり的」の罠はどこにでもある

「絶対に勝つ」と唱え続けた川上監督

前章では「場当たり的」な人たちの実例を挙げながら、その背景まで考えてみました。私は「場当たり的」の対義語となる言葉は「戦略的」だと考えています。

誰しも組織のトップやチームのリーダーには「戦略的に考える」人が就いてほしいと思うことでしょう。では、そもそも「戦略的に考える」とはどういうことなのか。

このことを説明するにあたり、どうしても触れたい人物がいます。プロ野球の元読売巨人軍の名選手であり名監督だった川上哲治さんです。先日なくなった星野仙一さんも川上さんを尊敬して止まなかったようです。星野さんが監督時代にずっとつけていた背番号77は、川上監督の背番号だったのです。

川上監督は日本シリーズを9連覇しています。私が大好きだった西本幸雄監督率いる阪急ブレーブスは、パリーグの覇者として、5回にわたり、川上巨人に挑みました。が、その度ごとに木っ端みじんに打ち砕かれたことは、子供心にも鮮烈な記憶として残っています。長嶋茂雄、王貞治をはじめとする大選手、名選手が多く在籍しており、彼らの活躍がその結果を導き出した主要因であったことも事実でしょう。

私の記憶では、試合後のインタビューや新聞報道、野球教室などのテレビ番組の中での川上監督の口癖は「絶対に勝つ」でした。スポーツをやる以上、勝つことを目的にするのは当たり前では、と思われるかもしれませんが、川上監督の「絶対に勝つ」ことへの執着は尋常ではありません。それがよくわかるのが、著書『遺言』（文春文庫）冒頭にある次のような一節です。

「勝利の値打ち」は三通りある。①勝つことは難しい、②勝ち続けることは、なお難しい、③いったん手放した覇権を取り返すことは、さらに難しい。巨人軍結成時の監督、三宅大輔さんが「アマチュアの野球は勝つための野球。プロの野球は勝ち抜くための野球」といったが、戦えば絶対に勝つ。勝つ。勝って勝って勝ち抜いて、勝ち続ける。プロの値打ちはここにある。

百円玉を投げて、たとえば連続五十回「表」になることがあるだろうか。ある数学者がその確率を計算したら、百万人の人が一分間に十回の割合で投げて、毎日約六時間これを繰り返す。週に四十時間、毎週、毎月、毎年たゆまず、あきらめずに続けたら九百年に一回、達成できるのだそうだ。極端な話かもしれないがプロの世界で生きる限り、百円玉を投げて連続五十回「表」を出して見せるくらいの意気込みを、腹に据えておくべきだろう。

勝ち続けるということは難しいが、たまに優勝するのではまぐれだといわれても仕方がない。言う方が悪いのではなく、そう言われないようにしなければならないのが、プロの監督である。戦うからにはその戦いには、絶対に勝たなくてはならない。

これを読めば、私が「尋常ではない」と述べたのもよくわかるはずです。当時は今よりもプロ野球に興行的な側面が強く、「客の反発が怖いから巨人戦には勝たなくていい」といったことを口にする他チームの関係者もいたような時代でした。そんなときにとにかく「絶対に勝つ」ことに、ここまでこだわった。つまり、これこそが川上監督の「強い思い」に他なりません。

そしてその目的を、現実のものとするために川上監督が具体的に採用した戦略が「ドジャース戦法」の活用でした。アメリカ大リーグの名門チームの戦法を、監督に就任したときにチームが戦うときの教科書として採用したのです。この「ドジャース戦法」を一言で表すと、長打力のある打者や完投能力のある投手など、選手の「個」の力に頼らないで、チーム力で勝つ戦法のことです。その書には、犠打やエンドランに代表される小技攻撃や連携プレイや陣形を駆使する守備を徹底する、それによって不確実性を少しでも無くすことの意義が細かに書かれていました。

スターに忖度しない

ただ、実際に真剣に野球をやったことのある身から言えば、こうしたチームプレイは、そう難しいことではありません。しかも真面目に取り組めば、一定の効果を挙げられます。

しかし、足掛け９年にも亘り日本一を取り続けるには、それだけの徹底ではすぐに限界が来てしまうのは明らかなことです。いかに巨人が人気球団でいい選手を集めていたといっても、それだけで勝ち続けることはできません。

基本的な体力や野球に適合した能力、知識、試合や練習に取り組む考え方など、ドジャース戦法（細かいことの積み重ね）を構造的に使いこなす技法や、実際にその戦法を相手に読まれないユニークなもの（システム化されず唯一無比の臨機応変さがある）にするための戦術（戦い方の順番）をどうしても磨かねばなりません。川上さんのすごいところは、そこに集約されているのです。

まず、自身の大リーグ留学経験をベースにした本場仕込みの知識が豊富でした。のちに、やれ「管理野球」「つまらない野球」と揶揄されたこともありましたが、監督が絶対的権力を握り、チームの作戦を決め、選手の生活指導までやったのは彼が最初です。

それまでは、監督はチームのスター選手の気持ちを忖度する「場当たり的」マネジメントが当たり前だったのです。川上監督はそのようなやり方を排除しました。『遺言』では「スターには特に厳しく」と題して、次のように述べています。

野球ができる人気者は常に外でちやほやされる。親しく近づこう、商売にも利用しようと、いろいろな人たちが群がってくる。それだけに、だからこそ他の選手にも増して一層厳しくしていく必要がある（略）。

お気に入りの人気選手はオーナー室にもフリーパスで、オーナーにも直接自由に電話もかけられる。オーナー室にはその選手だけの写真が飾られてあったりする。オーナーはその選手の扱いに関しては常に口を出し、そのいい分を聞き、その話を鵜呑みにもする。あげくの果てはその選手の意見によってしばしばコーチや監督のクビさえすげかえる。

ここで念頭に置いているのは巨人ではない別のチームです。ある時期までのプロ野球では、こういう光景がそう珍しくなかったのですが、川上監督は長嶋、王のような大スターであろうと特別扱いはしませんでした。

そして、「勝つことがファンサービスに繫がる」「球際に強くなることこそプロの証」「猛練習は裏切らない」など、分り易い言葉を繰り返し、「絶対に勝つ」ための考え方を叩きこみました。また生え抜きの次の監督候補がコーチをするのが主流だった時代に、他チームから優秀なコーチを複数スカウトし、個性的な選手を育てることに成功しました。個人の能力を上げたのです。作戦を考える牧野茂コーチや人望のある青田昇コーチも知られていますが、王選手を二人三脚で育てた荒川博打撃コーチの話はあまりにも有名です。

さらに、一番バッターの柴田勲選手をスイッチヒッター（右でも左でも打てる）にしたこと、８時半の男宮田征典投手に代表されるリリーフ分業制、打球が外野に飛んだときのピッチャーによるベースカバーなど、今当たり前のように行われていることを日本で初めてやったのが彼なのです。ドジャース戦法を体現するためのアイディアをどんどん実行し、試合の中で、局面にあわせて臨機応変に実行していきました。

ミーティングの義務化

そして、何より川上監督のユニークさを際立たせたのが、それらの戦法を徹底するために試合前、試合後にミーティングを実施した点です。今でこそ、野村克也監督などがその重要性を説き、どのチームでも実施するのが当たり前になっていますが、当時は選手の個人技中心の時代。監督がミーティングを招集しても全員集まらない、なんてこともあったようです。

そんな時代に、ミーティングへの出席を徹底させ、プレイを振り返ることだけでなく、人生訓なども話し、選手の気持ちを摑み、自らの方針に納得させて動かしていました。遠征など留守になりがちな選手の家族への気配りとして、選手の奥さんに宛てて、その選手がいかに頑張っているかを綴った直筆の手紙を出すことまでしていたそうです。人を動かすコミュニケーションの達人でもあったわけです。

整理すると、川上監督は、「巨人軍を日本一の強いチームにする。勝ち続ける」という「強い思い」を持っていました。それを実現するための戦略として「ドジャース戦法」を軸とした「戦略」を持っていました。さらに思いを共有させるために繰り返しそれを語り、さらにミーティングをルーティーンとしました。

そしてその「戦略」を実現するために様々な戦術を臨機応変に打ち出していきました。また選手の育成のためには人材をあちこちからかき集めたのも戦術の一環です。

どのチームも「勝ちたい」と思っていたでしょうし「絶対に勝つ」という気持ちは持っていたのかもしれません。しかしその思いの強さ、それを実現するための戦略とそこから導かれた戦術が、他チームと川上監督率いる巨人軍とではまったくレベルが違ったのです。

「強い思い」→「戦略」→「戦術」

ついつい野球の話が長くなりました。ご容赦ください。さてここで、あなたの会社、つまり所属している集団を考えてみてください。トップやリーダーは川上監督のように戦略的に物事を考えていますか、それとも、「場当たり的」なことが目につくでしょうか。

前章でも述べたように、経営陣は「強い思い」を持ち、それをもとに戦略を立てなければいけません。そしてその「強い思い」とセットになる戦略は、各部署、社員に周知させる必要があります。

そのうえで各部署や社員は、戦略に沿った戦術を考え、行動しなければいけません。この流れを一般社員にまで下ろして考えた場合には、各部署（部長）の立てた戦術は、いわば部員にとっての戦略に近い存在となります。この場合、それぞれの部員が考える己の行動が、戦術にあたるわけです。

こうした構造がきちんと理解され、なおかつ思考や行動に反映されている状態ならば、あらゆる構成員の言動は最終的に「強い思い」を達成するためのものとなります。逆に、この構造が理解されていないと、良かれと思ってやっていることが、とても効率の悪いものであったり、実は逆に「強い思い」の足を引っ張ることにもなるわけです。

経営陣にとっては「強い思い」は当たり前であっても、それが下に伝わっていないということは珍しくありません。

「いちいち口にしなくてもわかっているだろう」

そう思う気持ちも理解できますが、大切なことは何度も繰り返す必要があるのです。川上監督はそれをわかっていたからこそ、「絶対に勝つ」というフレーズをミーティング等でも繰り返してきました。

人間は日々忙しく仕事に追われていると、意外なほど本来の目的といった大きなことを忘れてしまう生き物なのです。経営陣は折に触れて「強い思い」を語り、戦略の意味を説くことが求められます。また、管理職は戦略の意味を説き、戦術の有効性を語れなければいけません。その下で働く人たちは、こうした会社の「強い思い」と戦略と戦術を理解したうえで、振る舞わなければいけません。

組織内の常識を疑え

ここからは、私が実際に経験したり、見聞きした、組織が「場当たり的」になってしまった事例をご紹介します。いずれも一見戦略的に見えているが、実はあまりものが考えられていないため、会社が変われない、ピンチを招く結果になった、といった事例です。これらの具体例から、どうすればそうならないかを考えていきましょう。「場当たり的」にならないために気を付けるべき心得ということです。

まず気を付けるべきは「常識」の罠です。

多くの会社や組織には、内部で共有されている「常識」が存在します。これは内部にいると、それが普遍的な真理のように受け止めてしまいがちですが、実はほとんどが一種のローカル・ルールに過ぎません。

極端な例を挙げれば、「お客様は神様です」という会社もあれば「客はカモだと思え」という会社もあるはずです。「売上よりも利益が大事だ」という会社もあれば「利益よりも持続性を重視すべき」という会社もあるでしょう。社員のマネジメントに関連して「働き方改革のために、まず残業を減らさなければならない」「パワハラ、セクハラを指摘された社員は管理職失格」という会社もあれば、「働き盛りの社員は残業して当たり前」「世間のハラスメント批判なんか知ったことか」という会社も残念ながらあるのです。

多くの場合、これらはその会社や組織の性質、歴史やトップの考えによって培われたものであり、どれが正しいとか正しくないとか一概に言えるわけではありません（もちろん詐欺やハラスメントは許されませんが）。

問題は、人がこうした抽象化して一般化されたものを真実と考えてしまいがちな傾向があるということです。結果としてこれが「場当たり的」な言動を誘発します。

　例えば、「パワハラ、セクハラを指摘された社員は管理職失格」というのが強い「常識」となっている会社を想定してみます。Aさんが、社内である人が部下を叱りつけている様を目撃したとしましょう。その物言い、声のトーンがAさんにとっては少々不愉快なものでした。

　ここでAさんは、「彼の部下から彼は仕事に厳しいと聞いたことがある。私に対する発言も厳しめなことが多い」というように考え始めます。さらに「あの人にはパワハラ体質がある」と考えを進め、「そういえば、彼の部署はこの数年、業績が下がっている」となり、「それも彼のパワハラ的なマネジメントが原因では」と結論づける。

　そんなバカな話あるか、と思われるでしょうか。でも、意外と会社の中での評判や空気といったものは、この程度のことで決定づけられるのです。

　同じ様を目撃したとしても、「若手社員には厳しく指導するべし。それが当人のためになる」という「常識」を持つ会社であれば、その後の結論はまったく変わることでしょう。

　本来、その叱責を問題視するためには、前提として「なぜ叱っていたのか」「叱られた側にどのような落ち度があったのか」「こういうことは何度目なのか」ということを検証する必要があります。業績の低迷についても「マネジメントの問題なのか」「市場の問題なのか」「それ以前がラッキーで好成績だっただけではないか」等々を検証する必要があります。しかし、多くの場合、そうしたことは行われません。

単なるローカル・ルールに過ぎない「常識」を中心にものを考えると、このようなカン違い、あるいは偏見が生まれやすくなります。そうした結論をもとに「あの人は管理職失格」などという空気が醸成されてしまう。これこそが「場当たり的」な方針の温床です。

部下の面倒を見るのは当たり前か

私が日本テレコム（現・ソフトバンク）の営業本部長だったころ、こんな出来事がありました。私はリクルートからスカウトされその任につきましたが、もともとJR系の通信会社だった日本テレコムは、日本企業の特徴であるタテ型社会が厳然と存在する会社でした。あるとき、部下にあたるMさんからこんな相談を電話で受けました。Mさんは当時大阪の営業統括部長でした。

「本部長、本日はお願いしたいことがあり、是非とも相談に乗って頂きたくお電話いたしました。実は、東京で本部長が直接営業しておられるP社ですが、もともとは、私の部下のSが担当していまして、営業の地ならしを結構していたらしいのです。受注となったあかつきには、是非、彼の手柄にしてやってもらえないでしょうか」

「Mさん、手柄とは具体的にはどういうことでしょうか。彼の実績にしろということでしょうか」

「そうです。彼は今部長になれるかなれないかの瀬戸際なのですが、この四半期だけとても苦しんでおりまして……。私は彼をとても買っているので4月にはどうしても部長にしたいと思います。なんとか私の顔を立ててもらえないでしょうか」

Mさんは、私より10歳くらい年上で、営業の厳しい会社から中途採用で入社されて部長にまでなった、いわば現場たたき上げの人物です。部下からとても慕われていて、彼に任せたところはいつも業績がいいという評判もありました。彼からすれば年下の私が他社から来て、自分の上司になること自体面白いはずがありません。しかし、当初は、そんな感情は一切見せず、私のやろうとしていることを実行しようと献身的に先頭に立って努力してくれていました。だからこそ、私も大阪という大きなマーケットを彼に任せたのです。

「わかりました。それなら、S君に今までどんな経緯だったのか時系列にまとめてもらえるようにお願いしてください。私も先方に確認してみます」

数日後、またMさんから連絡がありました。

「お送りした経緯書はご覧頂けましたでしょうか」

「はい、確認しました。ですが、P社で彼が営業したと書いている人は、この受注とは全く関係のない人です。それに、P社にも確認しましたが、S君は、1回来ただけで、それ以来全く訪問していないようですよ」

「それはおかしいですね。彼は本部長が提案した同じ提案を担当者にしていたと言っています。私には彼が嘘をついているとは思えません」

「そうですか。でも私が確認した事実は、先ほど申し上げた通りです。この状況では、彼の実績にするわけにはいきませんね」

「そうですか。でも、彼の説明はちゃんとしていて、営業の地ならしをしたということになると思います。なんとか、半分でも彼の実績にしてもらえないでしょうか。私も彼の話を聞いて、任せておけと言った手前、後に引けないところもありまして……。もし、そうして頂けたなら、これからも本部長に全面的に協力します」

ここまで聞き、私はピンときました。Mさんは実態を知りつつも、P社なら、私が直接営業しているので、他の営業と揉めることもなく、「実績」を譲ってくれるだろうと最初から考えていたにちがいない。外様の本部長にこれまでちゃんと仕えたことを評価し、今後も友好関係を築くという意味でも、S君の実績に付け替えてくれるはずだ、と。

なぜそんな計算までして、MさんはS君を引き上げたかったのか。その背景にあったのは、当時、社内に存在していた「常識」でした。

「部下に厳しいだけでなく恩情のある上司こそいい上司、恩情のない上司はだめな上司」

こういう考え方が一般的だったのです。加えて、ソフトバンクに買収され、外部から多くの役職者が自分達より上に来たときのメンタリティを考えると、「俺が部下の面倒を見てやらずして誰がそれをやるんだ」というような心持ちがMさんにはあったのかもしれません。

ただ、私の立場からこの出来事を見ると、Mさんの望みを聞くわけにはいきませんでした。そもそもそうした「常識」を変えることが、私の仕事だったからです。日本テレコムが巨額の赤字に追い込まれた理由の一つが、時代の変化に対応できず、新商品開発に着手できず、既存商品の陣取り合戦を繰り返していたからだと私は考えていました。その理由が、温情主義に代表されるマネジメント意識の低さです。

ここで彼に力を貸してしまったら、元も子もありません。しかも、今後もMさんに気を使いながら動かなければならなくなる。

結局、私はMさんの申し出を断り、S君も部長に昇進することはありませんでした。それ以来Mさんは私の言うことをほとんど聞かなくなりました。それどころか、「北澤は部下思いでない上司だ」という噂が、どこからか聞こえるようにもなりました。

内輪の常識が「場当たり的」を生む

Mさん（や旧・日本テレコム）の常識は、ある意味では良い時代の日本企業の多くが共有していたものだったのでしょう。そして、それを前提にして工作をしてきたMさんの行動は、社内の昇進という局地戦のみを考えた場合、彼自身の戦略としては間違っていなかったのかもしれません。しかし、それは会社全体の目標や戦略とは相いれないと私は判断せざるをえませんでした。

こうしたことは、どの会社でもあります。ときおり若手社員のほうが「うちの会社、なんか『場当たり的』では？」と気づくことがあるのですが、それは彼らがまだ内輪の常識に囚《とら》われていないからです。

社内の常識を正しいものと信じてしまった人の行動は、それが通用しない外部からみたときには、とても「場当たり的」に見えてしまいがちです。常識枠外思考停止状態です。外部の人や世間一般からは、「場当たり的」でおかしい、つまりあまりものを考えていないというように思える会社も、本人たちは、極めて戦略的に物事を考えていると思い込み、外部の感覚こそおかしいと思いがちなのです。この社内で一般化された常識を盾とした内向き感覚こそが「場当たり的」じゃないはずなのに「場当たり的」に陥る第一の罠です。

依存心を取り払え

力の強い経営者や社内の功労者に対する社員の依存心にも罠が潜んでいます。この功労者には創業者も含みます。大企業では、その影響力がかなり弱まっているかもしれませんが、日本企業の大多数を占める中小企業では、彼らの影響力は計り知れないものがあります。企業のスタート時期を考えても終戦後が多いので、創業家で世襲している場合は、現在の社長がまだ2代目3代目となり、創業者やそれを支えた功労者の発言力や影響力がとても強くなるのは当たり前のことかもしれません。

私が研修講師としてお手伝いしているある車メーカーの販売会社、いわゆるカーディーラーでもこの葛藤に悩み続けておられるところがあります。仮にZ社としておきましょう。同社は、販売実績において、メーカーから7年連続総合表彰を受けており、ディーラーの中でも一目置かれる抜きん出た存在です。また、私が提唱している「〝思い〟から始める営業リーダー研修」にも早くから名乗りを上げて受講されるくらい変革や社内教育にも熱心な企業でもあります。

しかし、この研修をお引き受けするまえに担当者から聞いた悩みは、意外なものでした。「営業スタッフが次の店長、役員になれるほど育っていない。そのうえ離職率が高く、このままでは企業力が落ちていくことが自明の理である」というのです。

ただ、Z社が凄いのは、その原因を的確に摑んで、手を着々と打っていたことです。彼らの分析では、最大の原因は、今までの成功体験にこだわり過ぎ、今の情勢にあった営業展開ができておらず、それを教えるべき、役員、部長、店長クラスもまた新しいノウハウを持ち合わせていない、ということでした。また、営業スタッフが上が言うことを素直に聞きすぎる癖があるのも問題点でした。スタッフらは上司の教えと現実とのギャップに悩み、モヤモヤした気持ちのまま「このままではダメかもしれない」という漠然とした不安を抱えたまま日々営業しているとも聞きました。

そこで「自ら考え行動する社員」を一人でも多く輩出しなければならない、そのための体制づくりをしたい、というのが経営陣の考えでした。そのために店長クラスのマネジメント力の向上を目指す研修をはじめとして、具体的で意味のあるプランもすでに考えていました。

加えて、その手順を具現化するために、基本理念や社是、社訓も加筆され、明確なものになっていました。「何としても、今の勢いを落とさず、次世代に引き継いでいくのだ」という覚悟が感じられる、とても戦略的で計画的な手を次々に打っていました。

こうした改革を引っ張る象徴として、同社には営業たたき上げのH副社長の存在がありました。彼は、Z社の成功体験を体現するような人物です。ひたむきな営業スタイルを徹底することで、顧客との強いリレーションを構築し、売上を伸ばし、今日の地位を築きました。

人望が厚く、少し話しただけでも、細かいところに気が付き、痒いところに手が届く配慮をする人だと分かるくらい素晴らしい人格者。その彼が、2代目が作った変革の作戦計画を指示し、それの推進役を買って出ていたのです。どんなひねくれものの店長や尖った営業スタッフでも、H副社長には頭が上りません。実績と社内での影響力、人格からにじみ出る優しい言葉や率先垂範の姿勢を知っている社員は、みんなH副社長の言うことならば従わざるを得ない雰囲気にさせられる。そんなオーラが漂っていました。

H副社長はご自身の役割についてもよく理解されており、自分は2代目が育つまでの橋渡し役だと公言しておられ、潔さの点でもこの任には打ってつけのように思えました。

ただ、ここまで完璧に変革体制を整えておられるにも拘らず、なかなかその成果は表れませんでした。私に依頼した短期的な研修は、変化への気づきやそのきっかけを与えるものにすぎないとわかってはいても、私へのいら立ちも少し感じられるほど、なかなか組織が動かないことに2代目もH副社長も苦悩されておられたように思われました。

輝かしい実績がマイナスになる時

経営陣は現状に危機感を抱き、それを論理的に説明したうえで、社員に成長を促しているにもかかわらず、現場の方が危機感が無い。これはどうしたことでしょうか。

　ここで考えるべきは、従業員つまり営業スタッフの気持ちです。彼らの視点から会社はどう見えているか。若手社員はこんな気持ちではないかと思われます。

「県内でも有数の成長している、安定した優良企業に入った。しかし内容はまだよくわからないが何かどんどん新しいことを実施しようとしているようだ。部署の上司は、経営陣から変化を求められているらしい。でも上司たちだってそれなりの実績を積み、社内でものすごく評価を受けてきた人達だ。車を売るプロのはずだ。

　多少自分とは、また今の時代に合わないと思えるところもあるが、それはそれで間違っているとは思えない。なにより自分には口を挟む実力もない。せっかく入社したのだから、自分の与えられた仕事を自分のできる範囲で頑張って、しばらく様子をみることにしよう。上司の言う通りにしていれば、今のところ自分に害はなさそうだし。

　ただ気になるのは、最近、一対一の面談がやたら増えたことだ。若手の話を聞けということなんだろうか。

　しかし、『やるべきことを順調にやれているか』『やれてないとしたらなぜか』などは聞いてくるだけで、どうしたらいいのか、具体的なノウハウは相変わらず教えてくれない。たくさん訪問して経験を積みなさい、の一点張りだ。

飲みにも誘われるが、そこでも雑談レベルの話をするか、『何か困ったことがないか』を聞いてくるだけで、車のことや、顧客をいかに攻略するかなどの実践的な話はあまりない。自分を大切に扱ってくれているなとは感じるけれども、その時間がなにか無駄なような気もする。実際、販売台数は、期間ぎりぎりで押し込みで目標が達成される。明らかに会社の勢いが停滞しているように感じる。やっぱり、車はこれから売れないのだろうか」

やる気のある若手でもこんな視点でしか、考えられないのではないでしょうか。この調子では、当面は目の前のことに精一杯で、社内のことは不安を抱えながらも様子見するしかない状態になります。

では、その上司、実際にマネジメントを行っているミドル達はどうでしょうか。

「確かにHさんが言うように、変革は重要だろう。今のままでは今までのように車が売れなくなるのは明らかだ。そのためには、自発的にものが考えられるように皆を導かなくてはならない。

研修でも、我々の在り方を考え、それを『思い』にして、メンバーに語ること、そこから戦略を導くことを習った。この通りやれば、今までより一体感が生まれ、やるべきことをはっきりさせられるような気もする。

しかし、実際は、目の前に目標販売台数が存在している以上、それを達成しなければならない。できなければ社内競争で後《おく》れをとる。

困ったことに、働き方改革とやらで若手に無理な残業はさせられない。彼らとはコミュニケーションを取りつつも、早く帰らせないといけない。そのためには、部下が客のところへ行く営業時間を少し減らすようにせざるを得ない。本来はそれこそが我々の強みなんだが、仕方ない。足りない数字は、自分や幹部でなんとかしよう。

会社はいろんな手を打っている。基本理念や社是、社訓も変更した。たぶん、みんなもその意味を理解し、自発的な方向に向かってくれるに違いない。我々よりも少し下のリーダー層への研修も実施し、『思い』を共有する大切さも浸透しているように思える。

Hさんが先頭に立って会社を変革しようとしている以上、信頼してついていきたい。きっと2代目や我々がやることが間違っていれば、Hさんが適切な手を打たれるだろう。我々の気持ちを理解してくれつつ、どうしたらいいか教えてくれるに違いない。だからこそ、我々は日々の目標に邁進するのだ。そこが崩れてしまったら、会社自体がおかしくなる。会社は我々の業績によって支えられている。今の数字を落とすわけにはいかないのだ。そう考えると今まで以上に顧客訪問に気合が入るというものだ」

若手もミドルもとても真面目に考えているのですが、結果としては「変革」の必要性を感じつつも、古いスタイルを強化する方向に思考が向いてしまっていました。今まで以上に自分たちの得意であったひたむきなスタイルをさらに強化しなければと考えてしまいがちな方も多かったのです。

その結果、変革期に必要な新しいパターン（新しいビジネスの仕方）の創造は、会社や経営陣（創業一族や今までそれを支えた功労者のケースが多い）にお任せ（依存）で、部下指導は、会社の方針に従い指示通りにはやってみるものの、その実行は、時間のある限りとなってしまい、ある意味言いっぱなしであとは放置状態（部下がやり切るところまでは付き合わない）に陥ってしまうこともしばしばという状態のようでした。

簡単に言えば、危機意識は煽られた。どうすればよいかも教えてもらった。しかし、日々忙しい。よって今やれることをしっかりやるしかないと思い返したというところで意識が留まっているという状態でしょう。

変革を目指している2代目やHさんからするとなんと皮肉なことでしょう。つまり、会社の打ち手がとても計画的で戦略的であるにも拘らず、当事者は結局戦略的になりきれず、むしろ「場当たり的」な考え、打ち手を繰り返してしまうという状況が起こってしまっているのです。

成長期にこそ備えを

ただ、この状況を回避するには処方箋があります。彼らの依存心を段階的に取っていくという方法です。この依存心を取り払わない限り、変革のためのどんな打ち手を繰り出しても、結局は変われません。ではそのためにはどうすればいいか。

会社は、成長段階からどうしても変革しなければならない段階の間に、必ず成熟期を迎えます。この時期は、自社の商品やサービスが世の中に認知され、放っておいてもある程度ものが売れて、会社が充実してくる時期のことを言います。今までの資金不足が嘘のように儲かるようになる時期です。内部留保も増えて、創業者としては、やっと一息つける時期とも言えるでしょう。

実は、この時期を如何に過ごすかということに、「場当たり的」でなく戦略的にものが考えられる社員を育てられるかどうかが、かかっています。しかし、多くの企業はそれをさぼってしまいます。

本来、この時期に、わが世の春を謳歌するだけでなく、商品やサービス、販売手法などで徹底的な差別化を図りながら、シェアを揺るがないものにしなければなりません。競合他社を意識して、新たな市場開拓や商品開発、M＆Aなどを試みて企業としての生産性を上げる時期でもあります。

この過程に徹底して取り組むことで、既存のビジネスモデルの延命を図るのです。社内的には、それぞれのミドルが、自らの役割について当事者意識を持たせることが、ここを乗り切るための鍵になります。戦線は成長期より拡大しています。それぞれに任せるところは任せないと適切な判断はできません。他社との差別化と、担当組織内の生産性を上げることを責任のあるミドルに任せることで、各人の当事者意識が育つ時期とも言えるのです。

しかし、多くの企業は、この時期のこのやるべきことを見過ごしてしまいます。相変わらずミドル社員のMBO（目標管理制度）シートには、成長期と同じような結果目標だけを求めます。主体的に考えることよりも、活動の量や質を求めてしまうのです。組織体制も、管理職や店長を中心としたピラミッド型を標準としたままで、販売業績を上げたものだけが上にのし上がることを是とします。さらに上の経営を考えるべき人達も、成長期を生き抜いてきた人ばかりで構成されていると、自分達で作った企業ブランドが崩れないように、という守りの姿勢ばかりが目立つようになります。

新しいことを考えるよりまず動くこと。顧客の心を掴むこと。俺たちの原点はそこにあると言わんばかりに、本来成熟期に必要な打ち手を考えずに、頑張ってしまいがちなのです。

当事者意識をどう植えつけるか

こうして多くの企業は、変革期を迎える準備をするまえに、成熟期のままの体制で変革期に突入することになります。変革を担うべきミドル社員に自分達が事業を担っているという当事者意識、ものを戦略的に考える習慣がついていないにもかかわらず、彼らに変革の手立てを自分達で考えるよう強く要求してしまうということです。

その結果、商品やサービスが市場からだんだんオミットされ、変革しなければにっちもさっちもいかない状態になっているのに、当のミドル社員たちはどうしていいのかわからない状況が続くということになってしまいます。Z社のように、経営陣は、完璧な打ち手を考え、実行し続けていても、目に見える成果が出ないことになってしまいます。それどころか今までの自分たちの強みをさらに強化する逆戻りの状況に陥る……そんな風になってしまうというわけです。

こうならないようにするためには、変革を始めるまえに、彼らに当事者意識と戦略的にものを考えることを徹底的に植え付ける必要があります。まず、ＭＢＯシートに書かせる内容を、絶対的な数値目標（セールスの台数目標など）ではなく、市場における他社との差別化の方法や組織内の生産性をあげるための具体策などに思い切って変更する必要があります。つまり「年間１００台売ります」「月の残業を20時間減らします」といった目標ではなく、「他社に勝つためにこのようなやり方を推し進めます」「労働時間を短縮するために、こういう無駄をなくします」にするのです。こういう書き方を求めると、ミドルたちも自分で頭を使わざるを得なくなります。

なぜなら「顧客訪問数を増やします」「残業を減らします」では、他社に勝つ方法、生産性を上げる方法としてはあまりに不十分だからです。訪問数はどの社も精一杯こなしているはずであって、そこでの差別化は難しいことは明らかでしょう。また単に残業を減らす、といっても具体策がなければ実効性は期待できません。「減らすためには何が必要か」を考えなければいけなくなります。

「○○任せ」はダメ

「いやあ、とは言っても、やっぱり営業は絶対的な数字を目標にするしかないでしょう。そうしないと成績が下がりますよ」

そんなことを言っているようでは、考える能力を身につけさせることはできません。何かを得ようと思ったら、何かを捨てるのです。特に、会社が変革期を迎えているのに、ミドル社員にその能力がないとすると急がねばなりません。

彼らが戦略的にものを考えたうえで行動計画が練られるように経営陣が自ら指導します。その考えはどうしてそう思うのか、どんな手を打とうとしているのか、徹底的に関わります。

彼らは管理職なのだから、考えるところは任せておけばといった考え方も捨てるべきです。任せられるようになるのは、自主的にものが考えられる実力がついてからです。彼らに自分の組織は自分のアイディア次第、会社に全面的に依存するものではないという考えが定着してくると、営業スタッフの様子見の姿勢も徐々に改善されていくはずです。当事者意識とは伝染するものだからです。

続・私の大失敗

本章の最後に、私の失敗談を例として「感情の罠」について触れておきましょう。感情や感傷で判断を誤るということについては、多くの説明を要さないでしょう。誰もが一時の感情で、合理的ではない判断をしてしまった経験を持っているのではないでしょうか。

ここまでさんざん「場当たり的」を批判してきた私にも苦い経験があります。実は、生来おっちょこちょいというか、よくこの罠にはまって失敗を繰り返してきました。普段はビジネスに関しては物事を合理的、戦略的に考えているはずなのですが、どこかこの感傷的な思い込みが入ってくると、どうしても「場当たり的」な考え、行動になってしまうのです。恥をしのんで、最近の経験をお話ししましょう。

外資系コンサルタント企業を辞め、個人事業主として企業の営業リーダーの研修や大学院で教鞭を執るまでの間、私はある会社に所属した時期があります。それは、十数年来の付き合いの友人が経営する企業でした。苦しい時に就職の口をきいてくれたりと、本当に世話になった友人です。仮にD氏としておきましょう。

4年ほど前、初めての著書『営業部はバカなのか』を出した頃、私は、D氏の紹介でその外資系コンサルタント企業に勤めていたのですが、そこはとても社員に厳しい会社で（やたらと人が入っては辞めていた）、かなり苦労をしていました。幸い、この本がそれなりに評判になったこともあり、大学院の特任教授の話までいただけるようになりました。

問題は、ここからです。私は、その本に書いた内容をもとに、自分のオリジナルな研修のメソッドを思い付きました。そこで、企業で活躍している複数の友人に、彼らの会社の営業部隊でそのメソッドを実行させて欲しいとお願いをしていました。もちろん採択されたら、その厳しい（やたら出入りが激しい）会社を辞めるつもりだったのです。幸いにも2社からオファーを取り付けることができました。もちろん、このことはD氏にも友人の中で一番最初に報告しました。紹介してくれた義理を欠くことはしたくなかったのです。

ここで彼に、「自分の会社に来ないか」と誘いを受けました。

「孝太郎ちゃん、辞めるんだったらやっぱり一緒にやらない。僕の経営力や事業を作り出す力と孝太郎ちゃんの営業力が合体するときっといい会社を作れると思うよ」

「そうですね。何度も何度もお誘い頂いて、1回は一緒にやろうと思っていましたが、それが今なのかもしれませんね」

「やろうよ。僕が経営に必要なことも教えるよ。そうしたら、その会社を譲ってもいい」

なるほど、彼は、この10年、事ある度に一緒にやろうと誘ってくれていました。自分の不得意分野である営業における私の力を高く評価してくれ、一緒にやっても共食いにならない、領域の分担ができることも繰り返し言っていました。そして、私としても、個人事業主としてやる、つまり自分一人で事業をやるのはどこか不安だという気持ちがありました。彼と一緒なら、これから浮き沈みがあってもなんとか切り抜けていけるのではないか。彼との楽しかった思い出も頭をよぎりました。

感傷的な思い込みは仇

実は、冷静に考えれば彼の経営方法には何らかの問題があることを私は知っていました。かつて彼が経営していた会社では、その事業の売却に関連してついていけなくなった多くの社員が辞めていたのです。また、現在の会社も一時期30名ほど社員がいたのに、彼がどんどん追い出し、現在はアルバイトを入れて3名になってしまっていました。

そんなマイナスな要素も、「それって僕の出る幕があるってことじゃないか、僕が何とかすればいいだけのことじゃないか」などと当時の私はむしろプラスに感じてしまっていました。長年の友人と、本格的なパートナーになる、これまでの恩も返せる、と様々な感情や感傷が心を占めてしまい、いわば「恋は盲目」状態だったのです。

私が会社の本業とは別に著書をもとにした研修事業もやりながらでもいいか、と聞くと彼は「株主を説得するから大丈夫。定款も書き換えよう」と保証してくれました。

が、実際に合流すると、次々話が変わっていきます。

「今回は、お互いがお金を出して一からやり出した会社じゃないことはわかっておいてね。つまり、この会社のルールに従ってもらうよ。それから、僕がオーナーなんだから、僕がやれって言ったことは必ずやって欲しい」

「例えば、どういうことですか」

「まず、パソコンはウインドウズじゃなくマックにして、それに慣れること。いろんな手続きがすべてペイパーレスだから、その手順をよく理解して。それぞれのスケジュールもグーグルに入れて共有する。会議は出られない場合はその時間にスカイプ参加」

どんどん自分のやり方を押し付けて来ます。

さらに当初の約束だった私個人の研修事業についても、「株主が納得しない」と言い出しました。自分の会社の仕事にのみ専念せよというのです。

「株主が、孝太郎ちゃんのやっている研修事業を止めさせて、こっちの事業に専念させろって言うんだよ」

しばらくすると、そう切り出されました。

「それはできませんよ。せっかく友人が社内を説得して作ってくれた仕事です。これだけはやらないといけないし、だからこそ、定款を変更頂いたのではないんですか」

「だけど、既存事業とのシナジーがあまりないという判断なんだ。将来的にはあるかもしれないが、短期的にみるとマイナス要素ばかりで儲けに繋がらない。だから、このままやるんなら会社を辞めてくれ。僕にも株主を説得するのは、これ以上負担だよ」

「え、まだやり始めて2ヶ月ですよ。今までお世話になった人たちにもやっと身の振り方の説明を終えたところです」

「いや、一緒にもうやりたくないんだ。いちいち株主に説明して、説得するのは疲れたよ」

私は、彼の豹変ぶりにただただあっけにとられるばかりでした。これが彼の言う経営が得意ということなのか。一緒にやろうと言ってきたことは、こういうことだったのか。思えば、ここで辞めてしまえばよかったのでしょう。しかし私は咄嗟に、

「だったら、僕の売上をこの会社の売上にしたらどうですか。僕は決められた給与さえもらえればいいですよ。それ以上に貢献できたなら、その分を加味してまた上げてもらいます」

と言ってしまっていました。自分で決めたことを2ヶ月でやめにするということは、私の選択肢にはなかったのです。臨機応変に、いや極めて「場当たり的」に、今この会社を辞めると自分の今までの行動が正当化されないという誤った「思い」に支配されるまま、さらに続けるという方向に流れていったのです。

「孝太郎ちゃん個人の売上を、ウチの売上にしてもいいってことかい？　それなら話は全く違うよ。事業としても認められるに違いない。早速売上計画を出してよ、株主に説明するから」

彼はとても機嫌がよくなり、また一緒にやれると目を輝かせて言いました。

しかし、結局は無理な話でした。入社して4ヶ月になり、私の方も、なんとなく自分で稼げる目途が立ってくればくるほど、この調子で、続けるのは不可能なのではという気にもなって来ました。

「やっぱり辞めてよ。このまま一緒にやれないよ」

「僕の売上も順調に推移して来ましたが、そうおっしゃるならもう無理そうですね」

「うん。一緒にやるのは疲れたよ」

「わかりました。では、今まで僕が稼いだお金から、僕が頂いた給与や使った経費、オフィスの賃料もその期間の人数分の1を支払ったことにして、それらをすべて差し引いて、チャラ、ゼロになるようにして辞めていいですか。つまり、僕は全く金銭的にお世話になってないことでお別れさせてください。その方がこれからもいい関係性が続けられると思います。Dさんにも言い分があると思いますが、私にもあります。だから恨みっこなしでいきたいのです」

「わかった。じゃあ経費その他調べてみるよ」

直後に私は辞めたのですが、結局、私の申し出は反故にされ、200万円も余計に支払わされる羽目に陥ってしまいました。私が個人で売上を立てていた会社に、申込書が会社に残っていると請求し直し、支払わなければ司法に訴えると脅したのです。その会社に私が返金するまで、私は勤務中の出張費や交通費すら受け取れない状況に置かれてしまったのですから酷い話です。

友人が判断を誤らせる

もうお分かりのように、こうなった原因は、私が本来の「強い思い」つまり目的に向かって計画的、戦略的に動けなかったせいです。彼の誘いに乗れば、一人でやる不安を少しでも回避できるというもう一方の甘い「思い」が頭を過り、勇気を持たず「場当たり的」になった罰が当たったに違いありません。確かに、友人(実際は友人でもなんでもなかったのでしょう)にこんなにひどく裏切られ、騙されることは少ないかもしれません。しかし、一時の感傷に惑わされ、その結果、動きが「場当たり的」になると危険だと分かっていたにもかかわらず、失敗してしまったのです。

感傷的な思い込みは、人の判断を狂わせ、「場当たり的」な行動に導いてしまいます。特に、これまで頑張って人生を乗り切ってきた経験がある人ほど、ピンチの状況に陥ったときに気をつけなければなりません。「なんとかなるに違いない」「自分はなんとかしてきた」といった楽観が、自信過剰を生み、人を見る目さえも誤らせます。

自分ならこうする——たとえば「自分は人を裏切らない。困っている人は助ける」——という類の思い込みは、「こうあって欲しい」という勝手な理想、感傷であって、他人にとっては関係のないことです。むしろ、甘い話に飛び乗る人間をこそ利用し甲斐があるくらいに思っている人は世の中にいくらでもいます。私は、その罠に嵌っただけなのです。

結局は、自分が計画的に考え、戦略的に行動するためには、深く考え、それを信じる勇気を持たねばならないということなのです。自分の不安と、その不安からくる弱気に心を支配されてしまったら最後、どうしても「場当たり的」に陥るということなのでしょう。自分を信じる。信じられるだけ深く考える。そして強く生きる。「場当たり的」にならないためには、そんな胆力が必要だということです。

では、どのようにすれば、これらの「場当たり的」な考え、行動に陥ってしまう罠から逃れることができるでしょうか。戦略的に考える方法は知っていても、結局は「場当たり的」に陥ってしまったのでは元も子もありません。

この問題を解決するにあたっては、私の専門である営業ロジックがとても役に立ちます。営業は、何も人を騙して、人の要らないものを押し付けることではありません。営業は、本来人が望んでいるものを認知させ、それを届け、そしてそれに対する対価を頂く、ビジネスそのものを言います。だからこそ、業を営むと書き、その会社が存在している理由を、世の中で体現することを言うのです。

第3章
「場当たり的」を回避するための営業ロジック

目標を認知させる

「場当たり的」な要素を組織や個人からなくしていくには、すでに説明した「罠」を認識しておくことは重要ですが、それに加えて有効な手段としてご提案したいのが「営業ロジック」を理解することです。ある一定以上のレベルの営業マンが会得している思考法やノウハウを総称して私はこのように呼んでいます。このロジックから抽出された教訓は、「場当たり的」な言動をなくすのにも役立つことに、ある時私は気がつきました。

考えてみれば当然のことで、営業という仕事は、企業の仕事のエッセンスがすべてつまっています。そのプロセスを最初から最後まできちんと完遂し続けるのは、「場当たり的」な人では不可能。逆にいえばレベルの高い営業マンの振る舞いは、「場当たり的」の罠をよけるようになっているのです。本章でご紹介する営業ロジックは一見、他の職種の人には関係なく思われるかもしれません。しかし、そこには必ず「場当たり的」を排すために役に立つヒントがあるはずだと思うのです。

さて、営業ロジックというと、騙しのテクニックか押し売りのテクニックかと思われるかもしれません。それは営業が、汚い、臭い、汗臭いというようなバッドなイメージを持たれがちだからです。でも、本当はそうではなく、営業は、クリエイティブで、計画的で、しかも勇敢に実行することで多くの人を幸せにできる仕事です。そして企業活動においては、そのものすべてであり、社長を始め、みんなが全員で取り組むべきものである――これが、拙著『営業部はバカなのか』で私が強く訴えたことでした。

営業とは、本来、「顧客価値創造」と「マーケティング活動」に「売買行為」が加わったものであり、なかでも「顧客価値創造」こそが最大の役割だ。これが私の考えです。この顧客価値創造とは簡単に言えば、「顧客がその会社を選ぶ理由」を創り出す行為です。

なぜその商品を、サービスを、企業を選んだのか。そこには何らかの理由があります。その理由を作ることが営業の大きな仕事なのです。

最初に選ぶときには、顧客には何らかの理由が必要です。同じ商品やサービスでも、営業が素晴らしければ、自分にとって必要なもの、どうしても欲しいものと認知する確率は大いに高まるに違いありません。しかし、営業がだめなら、いいものであっても、自分には関係のないもの、要らないものと認知してしまう確率がとても高くなります。

ここで私が言う「営業」は世間一般の人が「営業」と聞いて抱くよりも大きな概念を

示していることにお気づきでしょう。単にでき上がったものを根性や強引さ、駆け引きで売りつけるような行為ではなく、商品やサービスの開発にも積極的に関わり、それを消費者や取引先に届けるルートも開拓し、売買や契約を成立させ、さらにアフターフォローまで行う。

「それって企業活動の大半では？」

そう思われるかもしれませんが、実はその通りです。実際に営業という仕事を突き詰めていくと、このような考えに到達するのです。

トップ販売員とトップ営業マン

そのことを理解して頂くために、ちょっと寄り道になりますが、トップ販売員とトップ営業マンの生態の違いを解説しましょう。販売員と営業マンは混同されがちですが、別物です。シンプルに分ければ、「訪ねてきたお客様にセールスを行なう」のが販売員で、「自ら顧客を開拓し、セールスを行なう」のが営業マンです。

トップ販売員は、お客様が来店したときに、店に入ってくる速度、身なり、お連れ様のあるなしなどから、購買意欲と購買可能性（簡単に言うと買う気があるのか、お金を持っているのか）を一瞬で判断します。「いける」と判断すると、次のステップとして、観察の対象として捉えるようになります。逆に「厳しい」と判断すると自身の忙しさ次第ではそのお客様を放置することもあります。

もちろん、来店の際に「いらっしゃいませ」と声をかけるくらいのことはしますが、それはあくまでお客様に自分の存在を知らしめることが目的。「何かご入用でしょうか」「どのようなものをお探しですか」など、お客様といきなりやり取りをするための前口上は言いません。トップ販売員の常識では、他の接客で忙しい場合は声をかけない、他に来店客がなく余裕のある場合のみ、軽い会釈を加えながら、自分の主張を殺す少し抑え気味の声で「いらっしゃいませ」と言うのが普通です。

購買意欲がありそうなお客様の観察は重要です。どのような商品を手にしたか、何を目線で追っているのかを見ます。たとえ他のお客様の接客中であっても、いちいち観察し、記憶に留めます。その時の表情、仕草、値段の確認具合など、どのような商品を望んでいるのか、見当がつくまで観察を止めません。そして、なるべくそのお客様のそばにいるようにして、声がかかるのを待つ。釣り人が魚に自分から針を掛けに行くことをしないように、トップ販売員も自分から声をかけることはありません。

さらにそのお客様の望みそうなものが特定できたら、それが店のどこにあったか、サイズはそろっていたかなど記憶を手繰り、その記憶を頼りに、声がかかったときに薦める順番まで決めておきます。薦める順番は、その顧客の望むであろうストライクゾーンのど真ん中より少し高め（高価）なものから、がセオリーです。

できる不動産屋のテクニック

不動産（部屋）を賃貸で借りたことがある人には思い当たるふしがあるかもしれません。その不動産屋は、何軒目にあなたが気に入るような物件を薦めたでしょうか。できる不動産屋ならば、いろいろ要望を聞いたうえで、1軒目には、希望地域の希望価格帯の中から、絶対にその人が選ばないだろうなという部屋、つまり「イケてない物件」を紹介します。そして、こう言うのです。

「この地域は、物件がよく動き、出モノはほとんどない。あってもすぐ動きます」

がっかりする相手に対して、こう切り出します。

「もう1軒だけお付き合い頂けませんか」

今度は、その人の条件にかなり近い「イケている物件」に連れて行きます。

「たまたま、今この物件がキャンセルになり、空いたと連絡が入ったのです。この物件はいかがでしょうか」

こう言って決めにかかります。借りる気持ちがある人のほとんどはここで決めます。もし、ここで決まらなければ、そのお客様がこだわっているポイントに立ち返り、特徴のある物件に誘導します。窓付きの風呂がいいとか、キッチンにはＩＨが欲しいといった条件を確認したうえで、３軒目に案内します。できる不動産屋ならば、もうあまり他の選択肢はないという感じで、希少価値をちらつかせながら、２軒目とうまく比較させ、この３軒目までで決めるはずです。

相手のストライクゾーンの中で、何をどこまで達成するのかを客とすり合わせながら駆け引きをすることを、「期待値調整による駆け引き」（またはシンプルに「期待値調整」）と呼びます。

話をトップ販売員に戻しましょう。先ほどの準備動作のあと、お客様から「ちょっといいかしら」と声がかかったら、その時にこそ、素早く身を寄せます。そして「どのようなものをお探しですか」という目つきをする。そして、「こんな感じのものはないかしら」など要望を言い始めたら、それが先ほど自分が想像していたものと合致しているかどうかを確かめながら、最後まで話を聞きます。その過程で、自分の勘が外れていないことを確信すれば、準備していた手順で商談を進めていきます。つまりまずストライクゾーンのど真ん中より少し高め（高価）なものを薦めるのです。

お客様の金銭感覚と折り合いがつけばそのまま売れますが、値段を気にするようであれば、不動産の例であげた「期待値調整」を使って、本来のストライクゾーンのど真ん中（先ほどよりは少し安め）のものを薦めます。そのうえで、「お似合いだと思います」「先ほどのものよりこちらの方が、機能面で優れています」など、お客様がそれを選ぶ正当性を矢継ぎ早に口にします。

この手法で、先ほどの高いものと二者択一に持ち込み、ほとんどの場合、その場でセールスを決めてしまうという寸法です。この間、無駄な商品説明、押しつけがましい営業行為（トークを含む）は一切ありません。あるのは、徹底した顧客要望の観察と、その要望に合わせた鋭い期待値調整だけです。このような無駄のない動き、合理的なスピードを有する販売行為こそが、彼らをトップ販売員たらしめていると言えます。

トップ営業マンの第一声

では、トップ営業マンはどうでしょうか。私は長年の経験から、トップ営業マンに極めて特徴的な行為があることを突き止めました。営業は、販売と違い、顧客がお店に来てくれることはありません。アポイントがあるなしにかかわらず、こちらから訪問するのが基本です。そして初めて会う顧客（候補）に対面します。問題はこの瞬間です。

社名が広く知られている大手企業ならいざ知らず、多くの営業マンは、名の通っていない中小企業に所属しています。先方は、有益な出会いを求めている一方で、あまたの営業マンの攻勢に辟易しています。ですから、初対面の瞬間、ほんの3～5秒の間に最初の一言を聞くべきかどうかを決めます。そこで合格になった人の中から次の1～2分の間に、さらに真剣に話を聞くべき相手なのかを見極めていきます。

最初の3～5秒で顧客（候補）側は、営業マンの目つき、話し方、身だしなみ、姿勢、声のトーンから、「こいつは信頼できるかどうか」を直感的に判断します。そこでクリアした相手に対しては、次の1～2分の間に、その営業マンや所属する会社が自分にとっていいことをもたらすかどうか、他の営業マンに比べてさらに好意を持つべきなのかどうか、放たれる言葉をもとに判断するのです。

「社長、社長の右腕、左腕、また次世代を担う優秀な人材の採用にご興味はございませんか。私とお付き合い頂いたら、必ずそんな人間と面接頂けるよう目の前に連れて参ります。リクルートはそんな会社です」

「部長、このオンライン時代に今の通信費は異常に高いとお感じになっておられませんか。リクルートは貴社の通信費を大幅に下げる手立てをＮＴＴと共同で開発したのです。一度話を聞いて頂けませんか」

「ＮＴＴグループは、ドコモ、コミュニケーションズ、データなどそれぞれが独立した会社です。しかしソフトバンクは、今ある通信技術の中で貴社に一番ＩＴ武装して頂ける手立てをたった1社でご提供できる会社なのです。利益の二重取り、三重取りは致しません。一度提案だけでもさせて頂けませんか」

「社長、ソフトバンクは、最先端の技術だけでなくその優れたビジネスモデルで、当社だけでなく貴社にも多額の利益を生み出す、そんな会社なんです。貴社が儲かるしくみの提案の概要だけでも聞いてもらえませんか」

　これらは、実際に私がリクルートとソフトバンクがまだかなり無名の頃に、新規営業の際によく使っていた言い回しです。リクルートはよくヤクルトと間違えられ、ソフトバンクは名前くらいは聞いたことがあってもどんな会社なのかはまだ謎に包まれていた

——そんな時代でした。

まず私が目指したのは、自分たちの活動に対して顧客から共感を得ること。そのためには明るい未来を描き、先方をわくわくさせ、挑戦しようという気持ちを持ってもらえる内容を説く必要がありました。しかもそれが空論ではなく、私自身の生き方に根差し、強い決意がある言葉で語る必要がありました。言い換えれば、会社と自分の「強い思い」によって、顧客が自分を有益な人間と思ってくれる状況を作ることを何よりも大事にしていたような気がします。

「じゃ一度、提案してみてよ」

「強い思い」を聞いてもらった後で、このように言っていただければしめたものです。

「この男にならば一度プレゼンをやらせてもいい」ということなのですから。

もちろん、これはあくまでも提案の機会を得たに過ぎません。ここから本当の勝負が始まるわけですが、まともに私の営業行為を受けてくれる権利を得たという点では、他の営業マンよりも大きく前進したことを意味しています。

のちに他の素晴らしいトップ営業マンたちにも話を聞くことができました。その成功体験を紐解いていくと、実によく似ているのです。最初の数分間にその営業行為のほとんどが凝縮している。つまりここで顧客の共感を得る行為が卓越している人たちがトップ営業マンになれるのだと気付かされました。

この最初の段階で、他を大きく引き離せば、受注獲得までの流れはスムーズになります。もう少し専門的に解説しますと、この段階をクリアすることは、「顧客価値創造」のうちの「動機付け」という要素の獲得に成功したということです。

本当の顧客価値創造を達成するには、このあと更なる動機付け（顧客が決断する理由を作る）を試みます。さらに決裁ルートを確認しなくてはなりません。それによって提案する対象、順番が決まるからです。

こうして2回目の訪問時に提案をするための要素を聞きだし、提案時には顧客の期待を超える提案をして、さらに次の段階を目指します。

説明が長くなりましたが、このように、販売行為と営業行為とは似て非なるものです。販売がテクニック先行、相手の反応を受けて動くものであるのに対して、本来の営業は人間力先行で、主体的に状況を動かす力が必要なものです。

キリストの営業力

さて、ここで「場当たり的」に考えないようにする、という話に戻ります。営業マンは、自らの提案を実現させるために、「強い思い」を明確に語る能力が必要だと述べました。実は社内外で提案を実現する際にもまったく同じことが言えます。物事を計画的に戦略的に考えるためには、「強い思い」を持ち、明確に語り、相手の共感を得ることが必要である。これが営業ロジックから学ぶべき第一の教訓です。

トップ営業マンは、顧客との間に何の関係性もない状態から、短時間のうちに言葉だけで、「一緒にどんな世界を築いていくべきか」、その目標を相手に認知させます。そのために彼らは「強い思い」を言語化し、さらにストーリーを語ります。そのストーリーによって相手の共感を得て、意思を共有できればしめたものです。続け様に成約に向けて計画的で戦略的な行動をとります。

まずは「強い思い」を明確にして、それを共有してもらう。そのうえで、その目的を達成するためにあらゆる手段を駆使していく。このプロセスを踏むことで「場当たり的」になる可能性を減らします。

営業ロジックとは突き詰めれば、他者の心をどうつかみ、どう動かすかに関する知恵の集積です。そのため、技術を問う販売のテクニックとは別の物事を計画的、戦略的に進めるための人間の生き方に根差すような考え方から成り立っているものが多く存在しています。

話は大きく脱線しますが、この世の中には、このロジックを使って、もの凄い認知を作り出した世界一のスーパー営業マンがいます。

イエス・キリストです。信心深い方には怒られるかもしれませんが、私からすると、十二使徒は、彼の営業の部下、聖書はパンフレットや会社案内に見えてきます（天国があることを信じている方、すみません）。

真のトップ営業マンというものは、「私と付き合ってくれたなら、幸せになれます」と思いを語り、それに共感する人を増やせる人です。この最初の思いを共有すれば、おのずと「場当たり的」ではない戦略が見えてくるはずなのです。

集中力を切らさない

「場当たり的」にならないために、営業ロジックから学べる第二の教訓は「集中力を切らしてはならない」です。営業マンには、目的に向かって商談をコントロールし、自分や顧客の集中力を切らさないことが求められます。

そもそも、営業力というのは、分解すれば「営業マンの繰り出す打ち手のインパクトの強さ」と「商談をマネジメントする力の強さ」によって決まります。営業マンが顧客に繰り出す（提案する）打ち手（商品、サービス、施策など）の質の高さと、受注に至るまでのプロセスの適切さが秀逸であればあるほど営業力が高いということになります。

後者は実務をやった経験がなければピンと来ないかもしれませんが、こういうことです。たとえ目の前の相手が「その提案、いいね」といっても、契約に至らなければ意味がありません。そして実際に「いいね」で止まってしまって、結局成立しないというケースは決して珍しくありません。「詰めが甘い」と言われるのは、この「いいね」止まりの人です。

優秀な営業マンは「いいね」をもらった後、成立するまでのプロセスで手を抜きません。次にどういう提案をいつ誰にすればいいのか、その際にはどのような説明が必要なのか、といったことを考え抜きます。ここでしくじると成約しないことを熟知しているからです。

このように商談をマネジメントするには、目的に向かって自分や顧客の集中力を切らさないことが必要です。これは「場当たり的」にならず、計画的に戦略的に物事を考え続ける力に繋がります。

ちなみに商談のマネジメントということについて、もう少し詳しく説明しましょう。マネジメントのためには、商談をプロセスに分解して、「ここまで進んだのでこの次はこれをしよう」と考えたり、「このまま進むと競合他社に比べて負けてしまう。もう一度やり直そう」と決めたりする必要があります。

この点についてトップクラスの営業マンの思考プロセスを見てみましょう。

まず、新規営業の場合です。見込みのある訪問先をリストアップしたうえで、初回訪問の前に次の3つを行います。

①顧客情報の収集（先方課題の予想）
②以前の営業行為の確認
③最適アプローチ方法の検討

要するに、「相手は何を求めているか」を考え、「相手に対して過去、どのような営業が行われていたか」を確認し、「どうアプローチするのが良いか」を検討するのです。

そのうえで、初回訪問時には、次の3つを行なわなければなりません。

①顧客の動機付け（課題の共有化）

②決裁ルートの確認
③提案に向けての要素持ち帰り
「相手が求めていることを確認、共有したうえで、先方の意思決定のルートを確認して、次回提案のための課題を明確にする」ということです。

もちろんここで「もう来なくて良い」となっていれば別ですが、２回目の訪問にこぎつけていたら、次の３つを行なう必要が生じます。
①顧客課題の確認（忘れてないか、ズレていないか先方に確認）
②その課題解決に向けた提案内容の錬磨
③提案内容の具現化に向けた下準備（交渉材料を社内で獲得）
このように文字にすると何とも面倒に見えるでしょうが、トップ営業マンは、一つずつの商談に対して、やるべきことをチェックしながら進めていきます。どこかで見落としはないか、常にプロセスを点検する習慣が身についています。もちろん、彼らの多くは、何度もこの工程を繰り返し、意識せずとも（あえて口に出さずとも）自然に確認しながら商談を進めているという場合もあるでしょう。

こうしたプロセスの分解と、点検を常に行うためには、集中力が必要です。どこかで気を抜くと、商談は止まってしまいます。

戦略を実行するにあたって、この観点はとても重要になります。どんなにアイディアレベルでは素晴らしいものであっても、ゴールまでには数多くのプロセスが必要になります。その点を理解して、集中力を欠かさないようにしないと、せっかくの戦略が絵に描いた餅になるのです。

課題と問題の違い

ここで営業と関係のない方にも注目して欲しいのは、こうした行為の中心には、常に「課題」が存在しているという点です。課題と問題とは異なるものです。問題とは、「既に起こっているどうしても解決しなければならないもの」で、代表は「トラブル」です。一方で、課題は「まだその状態にはなっていないものを自らの意思を込めて問題視したもの」です。近い将来、問題になることを予測し、そうならないように自分から取り組むと決めたものだとも言えます。

両者の違いを知っておくことは、戦略を練るうえで極めて重要な視点です。できる営業マンは、最初から先方が抱える課題を予測したうえで初回訪問に臨みます。

そして早い段階で課題を共有化することで顧客の動機付けを行ないます。さらに動機の部分がブレたりしないよう確認しながら、解決策を提案の中に練り込んでいきます。顧客の意思とこちらの意思を合わせたうえで、共有した課題を一緒に解決しましょう、という風に商談を動かしていきます。

互いの意思を中心に据えることで、商談を合理的に動かすだけではなく、集中力を切らさないようにしているのです。課題を共有し、解決に向けて動く力こそ、集中力を切らさず、興味を持続させ、物事を計画的に戦略的に考え続ける推進力となります。

「共通の課題を抽出し、解決のために動く」というのも、営業ロジックから学べる「場当たり的」にならないための教訓です。

スーパー営業レディの提案力

ちょっと抽象的な話が続いたので、ここまでに述べた営業ロジックの重要性がわかるエピソードをご紹介しましょう。主人公は私の母です。『営業部はバカなのか』の冒頭でも、スーパー営業レディとして母の話を書いたので「またか」と思われる読者もいらっしゃるかもしれませんが、別の話なのでご安心ください。

彼女は、大工の棟梁《とうりょう》の娘でした。私の父親のもとに嫁いできたのは昭和30年代半ば。父の実家である京都の老舗呉服店が落ちぶれ、9代目にあたる父が写真商に商売替えをしたところに嫁いできたのが母でした。そして初めての子供（私）ができたころに、ある客の一言で、当時としては画期的なシステムを思い付きます。それは撮影済みフィルムを回収し、現像した写真を配達するという企業相手のデリバリーシステムです。これによって京都市中心部の写真のＤＰＥが必要な企業のほとんどを顧客とすることに成功しました。母の工夫と営業力によって、キタサワフォートは、京都でも有数のＤＰＥの店に伸し上がった――これが前著でご紹介したエピソードでした。

決して母親自慢のために紹介したわけではなく、顧客の課題を摑み、それを解決するためのプランを提案し、さらにそのシステムを売り込んでいったという点で、営業の一つの手本として挙げたエピソードです。

さて、これからご紹介するのは母の別の成功エピソードです。

ある呉服屋さんにフィルムの回収に行った折、彼女はある光景を目の当たりにしました。若者向けの晴れ着反物の在庫の山です。高度成長のど真ん中で、京都といえども洋装が中心になりつつありました。その呉服屋さんは、浴衣など和服の軽装小物で売上を伸ばしていましたが、ここに来て、売上の伸びが止まって来ていたのでした。

そこで、その状況に気が付いた彼女は店の偉いさんである販売部長のところへ足を運び、こう切り出しました。

「今年は、晴れ着が売れなかったんですか。浴衣はあんなに売れているのになんででしょうね」

「そうやねん。なかなか売れなくて困ってるねん。もう晴れ着は洋服ってことかなあ」

「洋服の方が簡単に着れますしね。浴衣と同じことですかね」

「浴衣は売れても単価が低い。そやから売上が伸びないということやな」

当時、関西商人の多くは、このように自分の眼鏡に適《かな》い心を許した相手には、自ら胸襟を開き、事実を的確に話し、何かいいアイディアがないか、探る習慣があったような気がします。

「でも部長、女の気持ちとしては、やっぱり晴れの日にはいい着物に包まれて出かけたいものですよ」

「じゃ、何で売れへんのやろ」

実は、母はそれまでに、従業員の方たちと仲良くなっており、その過程でこんな声を聞いていたそうです。

「うちの店は、社内でも割引がない」

「売れ売れと言うばかりで、着物のこと（知識）を教えてくれない」

「自分も着物を持ってないから、着付けもしたことがない」

当時、呉服屋の女性従業員は、けっして金持ちの娘ではなく、田舎から集団就職で寮に入りながら働いているような人が多かったようです。実家への仕送りを欠かさずして、残りのお金を貯金しながら生活をしていました。ただ、働いて少し余裕がでてくると、やはりそこは女性、晴れ着は欲しい。もちろん洋装でもいいが、やっぱり着物が欲しい、そんな心情だったと思われます。

「おたくの従業員の方、浴衣を売るのは熱心でも、晴れ着をよう売らはらへんのとちがいますか。たぶん、自分でも着たことないし、ちょっと高い。着物のことはようわかりませんけど、自分でわからんものは売れないいんと違いますか」

「なるほど、晴れ着を売りたければ、まず売れるように従業員を教育せいということやな」

営業からの改善策提案

その販売部長は、浴衣販売を仕掛けて店の売上を飛躍的に伸ばした立役者でした。彼の頭の中では、晴れ着が売れなくなってきたことは問題化されていましたが、それに対処する糸口を見つけられずにいた。そこに母が、従業員教育という新たな課題を投げかけたというわけです。

「例えば、こんなアイディアはどうですか。従業員の方が、晴れ着を買ったら2割引きにする。そして、着付けを無料にして、キタサワフォートで晴れ着姿を撮影してあげる。もちろん写真代はタダ」

「ほう」

「そうしたら、着物を自分で着てみようという気になって、その経験が売るときにも役立つんと違いますか。百聞は一見に如かずって言いますやろ」

「なるほどおかあちゃん、考えたな。2割引きなら利益もまだ残るし、従業員サービスにも繋がる。しかも売るときの口上もうまくなるし、顧客が考えることもわかるっていう寸法やな。しかし、写真無料やったら、おかあちゃんところ儲からへんのと違うか」

「それはよろしいのどす。おたくの着物が売れたら、うちの写真も増えますやろ。もし、気になられるようでしたら、選ぶ際の晴れ着のサンプル、うちのおとうちゃんに撮らしてあげて下さいな。上手に撮りますよ」

てな具合にちゃっかり父を宣伝することも忘れませんでしたが、実際に販売部長は、すぐにこのアイディアを採用し、晴れ着の売上拡大に結び付けたのです。ほとんどの従業員がこのシステムを利用して晴れ着を買い、キタサワフォートに撮影に押し寄せました。

彼女たちは、その写真を実家に送り、自分の最高のお見合い写真としたのです。当時まだお見合い結婚が盛んに行われていた時代。働きづめで出会いの少なかった彼女たちにすれば、少しでも理想の伴侶を探す手立てとして、このシステムは願ったり叶ったりだったのでしょう。私が言うのもなんですが、母のアイディアは、女心の痛いところを突いた絶妙なものだったのです。

つまり晴れ着が売れていないという「問題」を発見した彼女は、時代の流れもさることながら従業員の売る力が低下しているという「問題」に目をつけた。そこで、従業員教育という新たな「課題」を投げかけることを思い付いた。

その解決案には、呉服屋との取引で売上を伸ばすというキタサワフォート側の課題解決にもなるアイディア（工夫）を入れた。販売部長は販売部長で晴れ着が売れないという「問題」を、母のアイディアによって従業員教育だけでなく、従業員サービスや従業員の循環（年上の娘は結婚して辞め、若い娘に代わる）、在庫減らしや新たなマーケティング手法の獲得（その活き活きした晴れ着姿をパンフレットにして配る。このお蔭でキタサワフォートもまた儲かりましたが）など、あらたな「課題」の解決策になることに気づき、売上を伸ばすという目的を達成していった、というところでしょうか。

高度経済成長期に、お互い売上を伸ばすという目的のために、お互いの緊張感を持続させ、集中して取り組むことができたのは、この課題を共通認識させ、相手を飽きさせないという母の力、目論見がうまく機能したということでしょう。このようにすることで、「場当たり的」な考えが入る余地をほとんどなくしたのでした。常に、どうしたら売上が伸びるかを考え、それを計画的、戦略的に実行するということに集中できたのです。

問題解決という商機

この話には続きがあります。この販売部長、功績が認められて副社長に昇格したものの、また別の問題に直面しました。さらに時代が進み、主力商品である留め袖などマダム向けの高級品が売れなくなったのです。この時も、母にアイディアを求めてきました。既に、日本人は少し裕福になり、自分達はけっして貧乏ではないという中流意識が浸透していたころです。私も中学生くらいになっていました。

「もう呉服はいよいよあかんわ。これで高級品が売れなくなったらお終いや」

「そうですね。我々世代は、まだまだ晴れの日には着物を着たいという気持ちありますけどね。最近は海外旅行とか、高級家具とか他に欲しいものも一杯あって……」

「どないしたら、売れるやろか」

実は、母はそうした状況に関する情報も既に従業員から入手していて、副社長から声がかかるのを秘かに待っていたのだそうです。

「展示会をして、そこで呉服を買って頂いたら、憧れの映画スターと一緒に写真が撮れたり、お食事ができるってのはどうですか」

「ほう」

「今や、みんな生活に余裕が出てきて、呉服が欲しいということよりも、非日常を楽しみたいっていうかそんな時代になってるんやありません?」

「非日常って?」

「少し前ですけど、お父ちゃんがベラミ（ナイトクラブ）で撮影したとき、入場者は美空ひばりと一緒に撮影ができるっていうアイディアを田岡（山口組組長）さんが物凄く気に入ってましたよ。キャバレーももう斜陽で、いろんなこと仕掛けなあかんって言ってました」

「なるほど、映画スター、ええなあ。我々世代は憧れあるしな。非日常か。それもええ。確かに、もう呉服自体が非日常やもんなあ」

「それに展示会なら、お出かけモードで、財布の紐も緩むんやありませんか。小物含めて3点買ったらにしたらさらに儲かりまっせ。支払いは、ちょっと工夫した方がよさそうですけど」

「よっしゃ、わかった。それやるわ」

「部長、今度はタダとは違いますよ。我々にも儲けさせて下さいね。もちろん安くはしときますから」

「おかあちゃんには、勝てへんなぁ」

このとき既に、先方の頭の中では、高級品が売れなくなってきたという「問題」は、顧客にいかに非日常を提案できるかという「課題」に変化していました。この企画は大ヒットし、父の撮影もその後何年も続いたのでした。私は大学生の頃、よくアルバイトで、反射板（銀板）を持たされたり、撮影の並び順の交通整理をさせられるほどだったのです。従業員を雇わない主義の父からすると、猫の手も借りたい状態だったということでしょう。

個人でも必要な課題設定

正しく課題を設定したうえで、解決に意識を集中させることで、「場当たり的」な考えに陥ることを防ぐ。これはビジネスの世界に限った話ではありません。日常の生活の場面でもいくらでもあると思います。

「ねえあなた、上の娘の教育はこれからどうするの？　今5歳だから、小学校受験をする場合、塾に年間200万円、入学金に100万円必要よ。授業料やその他費用が年間200万円を6年間、合計1500万円準備しなきゃ。学資保険が600万円あるから差し引き900万円ね。あなたと私が月7万円ずつ出せればなんとかなるわ」

「おいおい、そんな矢継ぎ早に。お金のことも大事だけれど、あの子は、ダンスとか体を動かすことが好きだから、勉強ができて、しかも体育にも力を入れている学校選びが課題だな。小学校は、その校風や先生の指導がその子と合うかどうかが活き活きできるかのポイントってよく聞くよ」

「なるほど、そうかもしれないわね」

「これから塾通いするにしても、やる気がなければ伸びないと思う。君もそこを心配してたじゃないか」

「そうね。あの娘、頭は悪くないと思うんだけど、好きなこととそうでないことがはっきりしているものね」

「だろ。今度休日を取って、まずあの娘と学校をいろいろ一緒に回ってみよう」

「そうね。行こう、行こう」

奥さんは最初の時点では、「娘の将来のためには小学校受験を成功させねばならない」という目的を設定していました。そこから逆算して、ルート（方法）を決めて夫に相談をもちかけたわけです。ここでその剣幕に押し切られていたら、そもそもその目的は適切なのかということの検証をしないままに、具体的な行動（戦術）に突入することになります。それでは途中で問題が生じたときに、「場当たり的」な対応に追われること必至でしょう。

だからこそ、夫のほうはまず冷静に「目的」を考えるところから始めよう、と提案したわけです。そのうえで、夫婦で一致できる課題を見出せたので、話は前向きに進みました。

別のケースを見てみましょう。

「おい、そろそろ息子も就職か。長いようで早かったなあ」

「そうよ。長かったと言えば、住宅ローンも来年で終わり。早めに家を買っておいて本当によかったわね」

「最初は、狭い狭いって文句言ってたけど、今となってはよかっただろ」

「そうね。住宅ローンがあるのとないのとでは、これからの人生設計が全く違うわ」

「確かに、貯金の分を住宅ローンの支払いに充てていたから、全く蓄えはないがね」

「今からあなたが定年までの10年間の間に、老後の資金をどれだけ貯められるかが課題ね」

「おい、おい、やっと息子の就職も決まって教育費からも解放されるんだ。これから二人でどう楽しむかが課題じゃないのか。今週末にゴルフスクールに行ってみようよ」

「それもそうね。今まで必死で頑張って来たんだから、それくらいいいわよね。二人でできることを見つけましょう」

こんな風にライフマネジメントをしながら、乗り越えるべき課題を見つけることによって大変なことを楽しみに変えることができます。また新たな課題を見つけることによって二人で維持してきた人生の緊張感を持続することもできます。「場当たり的」にならずに生きていくことが容易になるのです。

ちなみに、私見では最近よく話題になる熟年離婚も、このへんのことが原因だと思っています。

「何とか生活していく」こと自体が目的だった時代には、共通の課題など作らなくても、夫婦の間に常に緊張感がありました。子供が育って独り立ちしたあとも、常に蓄えつづけなければ、これからの人生どうなるかわからないというわけです。男は、定年後も自然とその地域でできる仕事はないかと探しましたし、ご婦人も多くの方が内職をして同居している若夫婦を支えていました。

しかし、社会が豊かになったことで、「何とか生活していく」というのは、夫婦の目的としては不十分になりました。「生きていくために一緒に住む」ということが、夫婦間の戦術としては必要ではなくなったのです。その時代の変化に気づかず、ほとんどの夫婦は、それまでの慣習を続けることに何の疑いも持たず、今までのスタイルを理想とし続けていたと思います。

まだ子供がいる間は、なんやかやと子供についての問題が出て来たり、共通の課題を見つけることも比較的容易です。しかし、子育ても終わり、ご夫人が再就職などして職に就き経済的に自立し始めると、家庭を守る、お金を運ぶ意味が、自分の都合をよくするだけに変化し、それにお互いが気付くと、結婚している意味が感じられなくなってしまうのだと思います。そして、自分の都合を加速させると、離婚という形を取らざるを得ないほど、感情がもつれるのではないでしょうか。

「80点」で満足する人

話がずいぶん脱線してしまいましたことを御赦《おゆる》しください。章の最後に、部下や後輩の指導にあたって、気を付けてほしいことについて触れておきます。

個人として「場当たり的」にならないためには、目的を考え、集中力を切らさないことも重要ですが、当然、アイディアを具体化していく実行力も求められます。

この実行力が不足しては、計画的、戦略的に物事を進めることはできません。急に重要な局面に出くわしたとき、どうしていいのかわからず、後先考えず、えいやとばかりに無計画に行動してしまう場合があります。特に、それを解決する打ち手を持ち合わせていない場合は、ゴールを設定し、そこに行き着くために最良の打ち手を繰り出す努力を忘れてしまいがちです。そんなときは、結果もこの程度でいいやとなってしまいがちです。最高の打ち手が出なくても、ベストは尽くしたとそこで納得し、中途半端な結果のまま次に進んでしまうのです。

こんなことをしていてはだめだと反省し、もう一度ちゃんとゴールを設定して、必死でそこに行きつく打ち手を出し直せばいいのですが、一度「場当たり的」にやってしまうとなかなか再検証するような気力を取り戻せません。一度そうしてしまうと、いつしか癖になり、80点の状態がその人にとってのベストになっていきます。その結果、次にそんな局面が来たとき、１２０点を取ろうとしても、実力が追い付かず、かなり無理をしなければならなくなるのです。

そんな局面において、もともとは、どんなときもゴールを設定し、一番の打ち手でないと気が済まない、妥協しないタイプの人であっても、ゴールへの道筋を教示する実力がない上司や、「場当たり的」な上司をもった場合には、中途半端なことを繰り返すことになります。結局は、「こんなものでいいかな」と安易な方向に流れてしまう。人は、放っておくと（強く意識しなければ）易きに流れやすいのです。

特に最近は、働き方改革の影響で、どの企業でもひとつの仕事にひたすら時間をかけることを罪悪のように見る風潮があります。若手を育てなければと思っていても、仕事に負荷をかけすぎると、労基署に怒られたりします。鬱になって体調を壊し、かえって生産性を落とす事態を招く恐れだってあります。

困ったことに昔気質の世代は、仕事は限界までやって体で覚えるものだという実体験に囚われすぎています。彼らは短い時間で質の高い仕事をさせる手立てを知らないのです。

ですから、若者が物凄く「場当たり的」な仕事の仕方をしても、叱ることもできず、自分がやるからと仕事を取り上げ、ご丁寧に「よくやったよ」と心にもないお褒めの言葉をかけて気を使う始末、ということも多いと聞いています。つまり、今の世の中は、前記のようなもともとの人間の性に加えて、意図せず、「場当たり的」人間を育ててしまう条件があまりにも多い状態と言えるでしょう。こういう環境で育つ若手は「ほどほどの人材」どまりになってしまいます。ベストが80点の人です。

人材のレベルを上げるために

では、ついつい80点になってしまう人、それで満足してしまう人のレベルをどうすれば上げることができるのでしょうか。

80点の人のレベルを上げて、常に１２０点とれる、またとろうとする人材を育てる手立てとして、「高い視点を与える」ことが有効です。これも営業ロジックから得られる教訓です。

先に説明しましたように、営業力は、打ち手のインパクトの強さと商談をマネジメントする力に拠ります。営業マンの顧客に繰り出すそれぞれの打ち手の質の高さと、受注に至るまでのプロセスの適切さが秀逸であればあるほど営業力が高いと説明しました。この打ち手の質の高さを上げる方法を利用し、「場当たり的」人間になってしまうことを、できうる限り防ぐ手立てを解説していきましょう。

トップ営業マンたちは、80点しか取れない打ち手を繰り出す人たちに触れることを、忌み嫌います。朱に交われば……ではありませんが、関わってもトクしないからです。

社内でトップ営業マンたちが集まれば、120点を取って到達できるゴールだけを設定しますし、そのために何をするのかという文脈でのみ話をします。彼らは、後輩を育てる局面でも、無駄な長時間労働はさせずに、まず120点を取るゴール設定とその文脈だけで話をする世界に誘います。さらに仕事の基準を高いところに設定する意識を持たせるようにします。人は、自分の限界を自分のイメージで決めてしまう生き物です。だから、まず勝手に低い基準を置くような意識を排除させ、常に質の高い打ち手を繰り出すことが、その若手にとっての「当たり前」になるように意識を上げさせます。

その意識のままやらせてみたにもかかわらず、繰り出す打ち手が稚拙であれば、それを修正できるよう教えます。

大事なことは、彼ができないことを精神的苦痛に感じ、ゴールを低い方に下げてしまわないようにすることです。そのゴールと現状とのギャップをどこまでもクリエイティブな緊張を保ちながら埋めることができるよう、不安や絶望、悲しみや屈辱などが心に入る余地がないよう気を配ります。

「今できていないのは、単なる実力不足だ。君にはできる能力が備わっている」

そのことを認識させ、励ましながら打ち手を繰り出す機会を与え続けます。いかに長時間働くか、よりも、どれだけ多くの打ち手を繰り出すかにこだわって指導します。

そのうち、打ち手の質があがり、やり方が分って来たと判断したら、ある程度は手伝うにしても、本人が「自分がやったのだ」と思えるところまでで留めます。成功体験を実感させるためです。そこまでくればしめたもの、彼は高い意識で成功した経験者です。

自らゴールを低く設定するようなことはなくなるでしょう。

いささか話が抽象的になったので、また私の経験したエピソードをご紹介します。

そこそこで満足する人をどうするか

昔私の部下で加藤君という人がいました。実力はあるのですが、心根が優しく、慎重で、いつも80点くらいの打ち手を繰り出して来る傾向がありました。そのせいか、営業成績もいつもそこそこという感じでした。

「加藤、その打ち手じゃ受注できないと思うよ。できれば理事長に会って話ができるようアポイントをとってよ」

「それはわかりますが、そんなことをしたら担当者を怒らせてしまうことにならないか怖くて……」

「そこを怒らせないように、会う理由をつくるのが君の仕事だろ」

そう言うと彼は押し黙ってしまいます。別の場面ではこんな会話もありました。

「加藤、その提案の金額では、実際に決まるのはほんの少しになってしまうよ。棒ほどに願って針ほどに叶うっていうじゃないか。もっとたくさんの金額を提案してみなよ」

「でも、先方の現状を考えたら、この辺が限界かと思います。これ以上提案すると、先方がびっくりして、リクルートは要らないものまで売りつけると思われます」

「そう思われないように、提案内容の妥当性を作るのが君の仕事だろ」

このあとはやはり沈黙です。

押しが弱いといえばそれまでなのでしょう。万事、彼の仕事は低いところにゴールが設定されていました。ついつい彼は自分が傷つかないように行動してしまうのです。

そのため思い切った手を打たねばならないときに、いつも躊躇するのです。十分な受注に至る道筋や目標を達成する道筋（120点に至る道）と比べると、彼の打ち手は計画的、戦略的でなく、その場しのぎの「場当たり的」なもの（80点）ばかりだという印象を受けました。

得意分野で自信を持たせる

本来はもっと実力があるはずなのにもったいないと思った私は、彼の能力を利用するために、ある提案をしました。彼は理系出身で、数学が得意でした。市場調査などの分析をさせると驚くべき細かさで仕事をしてくれたことがありました。

当時の私は、リクルートで２番目に古い事業である教育機関広報部（現・学び事業本部）の中部地区の責任者という立場でした。大学や短大、専門学校の生徒募集の媒体への広告掲載を軸とする事業です。着任当時の営業は、媒体業者としては古典的なやり方でした。

学校にはそれぞれ募集定員があります。それを埋めるために広告を出すわけです。出すタイミングは、「オープンキャンパス」「入試説明会」「入試直前」などいくつか決まっています。それぞれのタイミングで、学校に向けて「広告を出しませんか」と持ちかけるのが定番になっていました。「まだ募集人数に到達していないようですから、広告でプッシュしましょう」という理屈です。

ある意味で理にかなってはいるものの、私はどこか物足りない感じがしていました。

そこで、目標人数の不足に注目するのではなく、各学校との差異（競合校と違う点）を作り出すために、学校側はどんなマーケティング活動をしたらよいのか、それを学生の視点での応募の方のプロセスに沿って媒体広告を繰り広げるという手法（戦略）を思い付き、その実行方法（戦術）を練り上げたうえで、加藤君に相談したのです。

「加藤、『マーケティング・リサーチ』という本を読んだことある？　因子分析ってできる？」

「読んでません。因子分析は聞いたことはありますが、やったことはありません」

「この前の勉強会で説明したように、これからの営業は、生徒側の視点に立って、生徒の応募プロセスに沿って、その学校がどのように知られているのか、思われているのか、逆を返すと、学校側は、どう知られたいのか、思われたいのか、その差を埋める提案をすべきだと思うんだ」

「僕も、そう思っていました。あの理論にはとても感銘を受けました」

「じゃ、あの理論を実践するために、生徒の大規模調査を設計してみないか。あそこで言っていた信念因子と評価因子の関係を君に割り出してもらいたい。そのうえで、それを埋めるための広告っていうのはどんな手法があるか議論しようよ」

「……。まずは、その本を読んでみます。話はそれからにして下さい」

この時点で私が意図していたことは、彼にマーケティングの理論を勉強してもらうことで、他の営業マンが持っていない、しかし広告の営業マンにとっては極めて重要な視点を持ってもらうことでした。彼の視点を高いところに置きたかった。だから、難しい専門用語をあえて使い、論理的に理論を解説し、彼の分析が好きだという興味、そしてそこには誰にも負けたくないという自尊心に火が付くように話を運びました。もちろん、この分野ならば彼は一流になれるという私なりの目算もありました。

「孝太郎さん、あの本読みました。面白いですね」

「もう読んだの？　結構なボリュームなのにすごいじゃないか」

「そこで考えてみたのです。これを見て下さい。生徒の信念因子には……」

そこには因子分析の基礎になる因子の想定がなされ、既にアンケート項目まで準備されていました。彼は、２週間ほどで、分厚い本を読み、それを自分のものにし、実際にその内容を活かせるところまで、身につけて来たというのです。

「加藤、すごいじゃないか。これなら、今度の学生向けイベントで、すぐ実行できるよ」

「はい。そのつもりで考えて来ました」

「じゃ、調査の詳細設計に入ろう。併せて、その差異を予測し、どんな広告展開が有効かこの前勉強会でやった内容をもとに考えよう」

細かいことは省きますが、ここで彼と共に作り上げたノウハウは、現在でもリクルートで活用されています。加藤君の活躍によって世に出たものでした。

このときの彼の変化には、目を見張るものがあり、今でも鮮明に覚えています。私の理論に触れ、『マーケティング・リサーチ』を熟読することによって、世の中のマーケティング調査がやっていること以上のことを自分でもできそうだと思ったことが変化のきっかけになりました。

さらに、一流のマーケターが使う理論や言葉を使いこなせるようになったことで、彼の視点が一気に高くなりました。さらに、新しい理論をもとにした広告展開の提案を繰り返すうちに、「こうすべきです」と学校に強く迫るようになっていました。120点を取ろうとする営業マンに変化していたのです。もう営業に躊躇する加藤君の姿はそこにはありませんでした。

彼は、その後リクルートを離れ、今では大学相手のコンサルタントとして活躍しています。実態を踏まえたうえで繰り出される彼の提案は、全国の多くの大学から待ち望まれているようです。彼自身もその期待を超える提案をしなければと、さらに打ち手の質の向上に余念がなく、「場当たり的」な打ち手を繰り出す余裕などないということでしょうか、さらに進化を続けています。

もうお分かりのように、人は、一度高い視点を得ると、それに応える実力をつけようと努力します。そうしなければ逆に気持ち悪い、責任が果たせず嫌だ、あり得ないという心境になります。そして、その視点の高さに沿った質の高い打ち手を繰り出し、結果を出していく度に、またさらに視点が高くなります。そうなると、またその目線に合った質の高い打ち手を繰り出し、結果を得ようとするのです。

「高い視点を与える」ことは、結果的にその相手の実力を上げることにつながります。ひいては、「場当たり的」にならずに、常に１２０点をとろうとする人間を育てることにつながります。

第4章
「場当たり的」を回避して正しい戦略を練る

戦略が間違ったら

「強い思い」が「戦略」を導き、「戦略」が「戦術」を決める。しかし、もしも「強い思い」そのものが見当違いだったらどうなるのか。「戦略」が間違っていたらどうなるのか。その点を不安に思う方がいるかもしれません。

組織にせよ、個人にせよ、最初の目的や方針が間違いだということは十分ありえる話です。実際、経営者の「強い思い」に違和感を抱いている方もいることでしょう。

もちろん、ある程度は事を進めてみないと間違っているかどうかはわからないことも多々あります。一般の社員にはついていけない先見性を経営者が持っているケースは少なくありません。また逆に、一般の社員が「もう古いよ」と感じているような「強い思い」が市場では評価されることもあります。

最近の例でいえば、老舗のインテリア関連企業をめぐる騒動などは、示唆に富むものでした。創業者が「うちは高級路線こそが売りだ」と言うのに対して、娘で2代目にあたる女性社長は「いまはそんな時代ではない。安売り店に対応する必要がある」と打ちだしました。見た目の影響もあったのかもしれませんが、当初、メディアや世論は2代目社長に好意的でした。結局、創業者は追放されて、別会社を設立します。

しかし、どうもその後の状況を見ていると、２代目の経営はあまり上手くいっていないようです。一方で「高級路線」を頑固に守っているという父親の会社は堅調だとも。先はわかりませんが、創業者の「強い思い」には普遍性があったようにも思えるのです。

こうした例もあるので、「強い思い」が正しいのかどうか、この判定は極めて難しいところです。そして役員であれ一般社員であれ、その組織にいる以上は、その「強い思い」は正当なものだという前提で考え、行動しなければなりません。言い方は悪いのですが、ある種のバクチ的な要素があるとも言えるでしょう。つまり、そこに所属した以上、その「強い思い」に乗っかって賭けなければいけない。

しかし、その下に位置する「戦略」のほうは、もっと柔軟性があります。「絶対に勝つ」ために川上監督が戦略として採用したのは「ドジャース戦法」でしたが、別のチーム、監督であれば別の戦略を採りうるわけです。

そして、この部分で間違う組織や経営陣が多いことはすでに第1章でご紹介しました。では、どのようにすれば間違った戦略を練るような愚を犯さずに済むのか。正しい戦略を練るために必要なこととは何か。

知識とは使える情報

「強い思い」から正しい戦略を作るには、3つの要素が必要だ、と私は考えています。研修などでは、「強い思い」を戦略に落とし込むにあたっては「知識」「価値基準」「顧客価値」を仕組みとして取り入れる必要がある、とお話しするようにしています。これをもう少しわかりやすい言葉で言えば、

①知識の蓄積と運用
②価値基準・習慣のコントロール
③能力の開発

という3つの要素を備えていないと、いくら「強い思い」があっても正しい戦略を練ることができなくなるのです。ソフトバンクでの経験をもとにご説明しましょう。

当時のソフトバンクの孫さんの「強い思い」は、「通信会社で日本一になる」でした。本音は「世界一」だったかもしれません。

これを実現するための戦略を練るには知識が必要だ、といえば「当たり前だろう」と

思われるかもしれません。ここで注意すべきは、単なる情報とここで言う「知識」とは別物だということです。私の言う知識とは、その情報を自分自身で消化して、使えるようにしたものということです。使えない情報はいくら持っていても、戦略を練るためには意味がありません。むしろ邪魔になることさえあります。

通信会社で日本一になるために、企業として必要な知識は膨大です。営業に関する知識、法律に関する知識、さらに最新の技術に関する知識等々。これらを貪欲に摂取し、蓄積をし続けなくてはいけません。

企業全体として、学び続けることが求められていました。その姿勢は当然、個々の社員にも求められていました。厳しい環境でしたが、それに耐えられる社員が必要だったわけです。

癖を知りコントロールする

②価値基準・習慣のコントロールとは、自分たちの持つ行動や思考の傾向を把握したうえで、コントロールをしなければいけない、ということです。ここで言う「価値基準」は社是や社訓、行動規範など、その会社が持つ根本の価値です。

そうした言語化された傾向とは別に、それぞれの組織には「癖」のようなものがあります。それは多くの場合、「強い思い」と関連しています。第2章で触れた、その会社ごとのローカル・ルール、「常識」は、この「癖」から生まれます。

たとえば、ソフトバンクは、日本一を目指していたわけですから、会社全体がとてもハングリーでした。社内の競争もとても激しく、脱落していく人も少なくない状態でした。それを是とする空気がありました。これもまた一種の癖です。

会社というのは、どこかでそういう癖を持つものなのです（個人も同様です）。それ自体は法律の範囲内である以上は仕方がありません。ただ問題は、その癖を自覚して、コントロールするという意識を常に持たなければいけないということです。猛烈さが売りの会社があるとして、その猛烈さが行き過ぎないように自覚をしなければいけないのです。

たとえば「ウチは技術が売りだ」という企業は、言い換えれば「技術至上主義」といった癖を会社も社員も持つことになります。それは強みでもありますが、行き過ぎると弱みにもなりかねません。「技術はいいけど、サービスが悪い」では客を摑めないからです。戦略を練るうえで、自分達の持つ癖に目が曇らされていないか、といった視点を持つことは意識してほしいところです。

企業は特に成長期や危機において、癖が悪い方に出ることがあります。強引すぎる勧誘とか、社員の過重労働などはその代表例でしょう。しかしこういう癖も程度問題で、きちんとコントロールさえできていれば、むしろ強みにもなりえます。

顧客価値を確立させる

③能力の開発、というのは企業においては「顧客価値」を確立し、伸ばしていくことです。顧客価値とは、顧客がその企業の商品やサービスを選ぶ理由、つまり他社と比べた場合の「独自の強み」のことです。第1章で触れたように、ソフトバンクが日本一を目指すにあたって「顧客価値」と位置付けたのは何よりも価格でした。NTTやauが株主を気にして思い切った値下げができない点を衝き、ソフトバンクは1ヶ月980円といった大胆な価格設定で勝負に出ました。彼らがビジネス層を狙っているのに対して、こちらは大衆層を一気に取り込むという作戦です。プロ野球チームのオーナーになることや、白い犬のCMを大量に流すことなどは、すべて大衆層を狙うという方針から生まれた戦術です。

戦略を練るうえでは、常に他者との違いを作るという意識を持つ必要があります。つまり、自分達ならではの立ち位置を作り出すということです。逆に言えば、そのようなものがない企業は、勝負に出ることが非常に困難です。「特に売りがない」というのと同じだからです。

ここまでをまとめると、企業において戦略を練る立場の人（または部署）は、社会や市場についての知識を常に取り入れ、蓄積することが求められます。さらに自分達の思考の癖を知りぬいたうえで、それをコントロールするという意識を持たなくてはなりません。そして、自分達ならではの立ち位置を確立しなくてはなりません。こうした要件が揃っていなければ、せっかくの「強い思い」があっても、間違った戦略が打ち出されてしまうのです。

個人にも通じる戦略の練り方

ここで述べたことは、そのまま個人にも通じます。つまり、自分自身の「強い思い」を実現すべく戦略を練る際にも、やはり①知識の蓄積と運用、②価値基準・習慣のコントロール、③能力の開発が必要だ、ということです。

少しまた私の若い頃の話をさせてください。自慢めいて申し訳ないのですが、私はリクルートで新入社員時代から、既にトップセールスの仲間入りを果たしていました。

当時の私は、そんなに営業トークがうまいほうではありませんでした。いけそうな会社を選別する嗅覚が優れているわけでもありませんでした。ただし、当時の会社の「強い思い」を愚直に正面から訴えることだけはできていたと思います。

「日本の通信費は高すぎます。弊社は、通信費を安全に少しでも安くして頂くことで、もっと重要なコンピュータ投資にお金を回して頂きたいのです。そうすることが、平素、高い採用広告費を弊社に支払って頂いている企業さまへの恩返しと考えております」

「私は、リクルートが何とかこの領域でポジションを得ることで、日本の通信費を安くする担い手になりたいのです」

「お客様のような日本を代表する企業様にご利用頂けたら、通信業界で日本の新しい時代がやって来たことを証明できます。私にとってそんな経験は人生の宝です」

当時の私は、こんな青臭いことを、担当者やその上司の責任者に初回訪問から熱く語り、さらに帰社後に思いを手紙にしたため、何度も訪問し繰り返し繰り返し訴えていました。私の武器はこの一手だけだったかもしれません。しかし、それが意外に、お客様の心を摑んだことだけは鮮明に覚えています。

さて、会社の「強い思い」とは別に、私自身の「強い思い」は、「会社でナンバー1の営業マンになること」でした。私がそのために心がけたのは、仕事からできるだけ不確実な要素を排していく、ということです。今思えば、これが私の仕事の戦略になるわけです。これは川上監督の不確実性をなくすという戦略の影響もあったのかもしれません。

そのためには、膨大な知識を得る必要がある、と考えました。その時の仕事で言えば、まずは営業のプロセスを分解していきました。

「情報収集」「アプローチ」「関係構築」「ニーズ把握」「受注調整」「請求回収」「アフターフォロー」等々。一口に営業といっても、分解すれば数多くのプロセスが存在します。そして、それぞれのプロセスに必要な知識が存在します。要するに「こういうときはこうする」といった筋道です。仕事に関する情報をただ漠然と取り入れるのではなく、プロセス毎に整理して、頭に叩き込んでいきました。この情報の整理、検証を私は日課にしていました。それによって情報を知識に変換していったのです。

この知識があるのとないのとでは大違いです。アプローチ時における接し方と、アフターフォロー時におけるそれとは全く異なる。意外とそういう整理ができていない人は年齢やキャリアと関係なく存在します。これでは当然ながら、まともな戦略を練ることができるはずがありません。①知識の蓄積と運用は極めて重要なのです。

もしも知識を自分のものにしたいと思うのならば、1日10分でもいいのでその日の出来事を振り返り、検証することを習慣にするのがお勧めです。「何が起こったか」を考えて、自らの行動が正しかったかどうか、次に同じことが起きたときにどうするかなどを考えるのです。こうしたことの繰り返しが、知識を蓄積します。

行き過ぎた癖は修正する

新人時代の実績が買われ、私は24歳の頃（入社3年目）には、関西支社のある課のリーダー的な役割を担わされていました。細かい経緯は省くとして、当時の私の個人目標は、隣の課全体の目標をはるかに超えるようになっていました。7、8人分の目標を一人で達成するために、ひたすら動く。そんな日々がしばらく続いていました。

ところがある日、課内の山本君と桑野君という後輩から、突然会議室に呼び出されました。どうしても話さねばならない大切な話があると言うのです。彼らは部内でも仕事ができる方でした。

翌日大切なプレゼンテーションを控えていた私は、そのための企画書を朝までにまとめなくてはなりません。少し焦っていたこともあり、10分くらいならということでしぶしぶ応じました。

部屋に入ると、厳しい顔をした山本君が開口一番、こう切り出しました。

「孝太郎さん、あんたはリーダー失格や。今から、課を異動させてくれと部長に訴えるつもりです。確かに、人より一杯売っているかもしれないけれど、それなら一人でやればいい、課に属する必要ない」

「孝太郎さんの活躍は分かりますが、僕らはもう耐えられないんです」

と桑野君が続けます。

「だからこそ、君たちのような力があって、手取り足取り教えなくてもいい人間が下に来ているのと違うの?」

私は、そんな風に咄嗟に反論しました。

「確かに、そうかもしれないけれど、もう少し人の面倒をみたり、人に営業の仕方を教えたりできないものですか。貴方ひとりが孤軍奮闘するより、そのやり方を皆に教えた方が、部としてはもっと売上があがるのとちがいますか」

と山本君。

「女性事務員もどんどん仕事を振られ、もうヘトヘトで孝太郎さんにはついていけないと言っています。何とかして下さい」

桑野君も食い下がります。しかし、私は何せ人の何倍もの目標を持っています。

「ごめん、そうかもしれないけれど、僕にはできないよ。今、人に教えている余裕はない。これを見てくれ、明日も、明後日も、また次の日も、来週も再来週もスケジュールが一杯。どこにもそんな時間はないよ」

真っ黒になった自分の予定表を見せると、山本君は、しばらく沈黙したあと、

「確かに、これでは何ともならないですね。僕らのスケジュールとは全く違います。わかりました。新人や他のメンバーの面倒は、我々で何とかします。頑張ってください」

と殊勝なことを言い出しました。

「今月も目標は絶対に行く」

私は、そう言い放ってその場を早々に立ち去りました。

賢明な読者にはすでにおわかりのように、要するに私の働き方が猛烈すぎて部下が音

を上げた、という話です。当時、自分の成績にこだわっていた私にはそんなことが見えていなかったのです。実はこれは会社員になって始まった話ではなく、私にはこういう傾向が学生時代からありました。つまりこれが私の持つ癖だったのです。それに気付くと、私は自分のやり方を押し通すだけではいけないな、とその晩考え直しました。

「確かに自分ひとりが頑張るより、それぞれの良さを引き出したり、それぞれの能力が発揮できるよう環境を整えたりするほうが、全体的なパフォーマンスは上がるかもしれない」

山本君たちの訴えによって、私は自分自身の持つ癖を改めて自覚させられたのです。一人でガンガンやること自体は決して悪いものではないにしても、コントロールする必要がある。そんな当たり前のことに、彼らのおかげで気付かされたのでした。

ちなみに、この件を契機に私は時間を割いて部下たちに知識を伝授するようにしました。前項で述べたようなプロセスに応じた行動などを丁寧に教えたのです。これによって全体的なパフォーマンスが上ったのは言うまでもありません。もちろん、それでも私の下で働くのはハードだったでしょうが——。

立ち位置の作り方

また新人時代に話を戻せば、私は社内でのナンバー1を目指して朝から晩まで働いていました。出社は毎朝6時。誰もいないオフィスで3時間は働いていました。

当時同期の飲み会にも一度も参加したことはありません。傷をなめ合うようなことになりはしないか、もしそんなことになれば時間の無駄であると考えていたのです。先輩からの誘いであっても、たくみに断っていました。

「たった今、A社の部長から明日までに企画書を持ってこいと連絡が入ったんです。仕上げたら行きますから」

そう言っておきながら、翌朝には、

「すみません、なかなか終わらなくていくことができませんでした」

と謝る。そんな具合でした。そんな時間があれば、もう少し丁寧に企画書を書いたり、翌日の作戦を練り上げたい。顧客と飲みに行って次の課題の一つでも聞きだしたい。休日も仲間でゴルフやハイキングに行く時間があったら、顧客の家に行き、日頃のお礼のお手紙を残すことや顧客の趣味に付き合うことを選択していました。

こういうやり方は、必ずしも社内の営業マンでは主流ではありませんでした。私がライバル視していた先輩や同僚たちの多くは、私とは全く違うスタイルで仕事をしたのです。訪問から帰ってくると、まず営業課長にその状況を大きな声で報告。その報告が何ともたくみなので、なんだか凄いことをやってきたような印象を上司や周囲は持ちます。

悪いことは2割そこそこにして、いいことが大体8割。いかに自分が頑張って来たか、自分はいい状態であるかをアピールするのです。こういう手法は、ある意味で効果があったようです。

というのも、社内で「あいつは頑張っている」「あの営業の仕方はすごい」と言われるのは、その先輩や同僚たちでした。そして、その評価があるので彼らには社内から新規顧客の紹介がされる。その顧客が決まると、また彼らはその紹介者たちと飲みに行き、次の紹介をたくみに獲得して来ます。私は顧客からこそ多くの紹介はしてもらえるものの、社内からの紹介はほとんど入りませんでした。

自分のやり方ではナンバー1になれないのだろうか。そんな風に悩んだこともありました。ただ、幸いなことに、当時のリクルートには「週刊リクルート」という社内報があり、そこには事業別の営業マンランキングが掲載されていました。このランキングはきちんとしたデータに基づいていたので、社内での声の大きさなどとは関係なく、本当の成績が示されます。

このランキングで1位になることを目指せばいいのだ、と割り切って、自分のやり方、すなわち立ち位置を変えることはしませんでした。結果として、その狙いの通りとなり、彼らに勝つことができたのです。

もちろん、彼らには彼らのやり方（立ち位置）があり、それはそれで意味があります。だからここで言いたいのは、あくまでも自身の「立ち位置」を自覚することの重要性です。企業においてのそれは顧客価値であり、個人にとっては「自分ならではの強み」ということです。これを持たない人は自分のための戦略を練ることは困難です。

戦略の柱

参考までに、当時、自分の営業から「不確実性をなくす」という戦略を立てた私が、そこからどのように考えていったかを示しておきます。

まず私は戦略の「柱」を設定することにしました。①圧倒的な業績②人脈形成③営業知識の蓄積と披露の3つです。③はさきほど触れた山本君たちとの件と関係しています。

さらに、その自分の戦略の柱を、より具体的にするために、どこまでやるのか、さらにどんな手順でやるのかを考えました。

到達目標を明確にしたうえで、戦術へ落とし込むようにしたのです。例えば、到達目標としては、以下のようなことを自身に課しました。
①の圧倒的な業績に関しては、2番目に目標が高い人（山本君）の2倍以上の成績を挙げる。
②の人脈形成では、関西の主要大手企業30社の管理本部長にリクルートの関西支社長を連れて挨拶に行き、その後仲良くなる。
③営業知識の蓄積と披露では、毎日の課会で一つずつ必ずその内容を披露する。
この到達目標のために、さらに細かい戦術を考えました。たとえば②の人脈形成のためには次のような行動を自らに課しました。

「支社長の秘書と仲良くなり、彼のスケジュールを確保し易くする」「関西主要大手30社に支社長が、営業訪問ではなくお礼できる（感謝の意を示すために訪問できる）事実を一社ずつ作る（つまり、訪問し易くする）」「各社の管理本部長の秘書（スケジュール管理をしている人）にアポイントを取り挨拶に行く」「挨拶に行ったあと、それまでの経緯、その時の状況描写など、その人が感激するようなお礼状を書く」「その週末に顧客の管理本部長の自宅を訪問するときの手土産の選別」「自宅訪問後、個人的に会社へ管理本部長を訪問するための準備、具体的には次の課題提供」「この一連の経緯を先方全体の課題にするための資料作成」「そのプレゼンテーション準備とその後のやるべきことを明確にする」等々。

このように具体的な行動を考えて、リストアップしたうえで、優先順位を決めていきます。

こうして思考を深めることを日常の習慣とすることが、「場当たり的」ではない戦略的な思考と行動を生むのです。

実は営業マンに限らず、多くの優秀なビジネスパーソンは、こうした思考を常に繰り返しています。第２章でご紹介した優秀な営業マンたちは、常に脳内に業務に関する膨大な知識、局面に合わせた手順などが収められていて、いつでも取り出せるようになっています。さらに彼らは常に学び続ける姿勢を崩さず、それらをヴァージョンアップしていきます。だから「場当たり的」な発想や行動はとらないのです。

第5章

「場当たり的」組織から総力戦を戦う組織へ

御社の「場当たり的」度チェックリスト

ここまで読み進めるうちに読者の中には、「うちの会社も『場当たり的』な気がする」と思われた方もいらっしゃるのではないでしょうか。さらには「うちの会社はこのままではダメなんじゃないの？」と心配になってきた方も多いのではないでしょうか。また、人によっては、そもそも日本という国自体が、「場当たり的」ではないかと感じられたかもしれません。

この「場当たり的」な考え方、行動を少しでも止め、戦略的、計画的に行動する組織や国を作るには、どうすべきか。

私はその構成員全員が当事者意識を持ったうえで、皆の力を結集し総戦力で戦う体制を創れるかどうかにかかっていると思っています。

そのためには、上辺《うわべ》の議論ではなく本質に迫った話し合いができ、お互いが「学び合える土壌」を創れるか否かがキーポイントになります。学び合える土壌とは、今の時代にあった人材を育てられる土壌、それぞれの構成員が良き方向に変化できる土壌だと言い換えてもいいでしょう。もはやトップの号令に従うだけの構成員ばかりの組織では、変化の激しい時代を乗り切ることはできません。

変化しつづける外部の状況の本質は何なのか。それに対応するためにどういう手を打っていくべきなのか。こうしたことを高いレベルで学び続け、変化に対応できる「組織知」をみんなで創りあげていく。それが組織の望ましい姿です。

では、そんな土壌を創り上げるためには、その組織はどうなっていればいいのでしょうか。あなたの所属する組織は、今そのような体制になっているでしょうか。本書を締めくくるにあたって、具体的なチェックポイントを10個挙げてみます。

①お互い言いたいことが言い合えるようになっていますか。

②言いたいことを言うにあたり、相手を論破するのではなく、ちゃんと議論できていますか。

③そのうえで、共感を生んだり、納得させたりしてちゃんと相手を動かしていますか。

④組織に所属する人たちがお互いのことを本当の意味でよく知っていますか。

⑤そうなるために、お互いの「思い」をときどき交換し合っていますか。

⑥みなさんの関わる組織はどうあるべきか、皆が共通の「思い」を持つまで話し合って

いるでしょうか。
⑦その「思い」は共通の目的、目標として言葉になり、明確になっていますか。
⑧その目的、目標に全員が前向きな感情を持ち、それぞれが何かをやろうとしていますか。
⑨その目的、目標に到達するために、それぞれの役割が明確になっていますか。
⑩さらに、その目標に到達するために、お互いが教え合ったり、助け合っていますか。

なんだ、そんな簡単なことかと感じられたかもしれません。では、ご自身が関わっている組織を思い浮かべたときに、いくつイエスと答えられたでしょうか。断っておきますが、「部下同士ならばイエスだが、上司を含めるとノー」というような場合は「ノー」になります。

「全部がイエスというわけではないが、ほとんどイエスだった」ということなら、改善するポイントは限られているのですから、対策をすぐに練るべきでしょう。

「誰かがやってくれるだろう」ではダメ

一方で、ほとんどイエスがない組織は大変です。抜本的に組織の在り方を組み替える必要があります。

言うまでもなく、すべてがイエスであるのが望ましい状況です。つまり、

「みんなが言いたいことを言い合える。ただ、それは勝手に自己主張をしたり、相手を言い負かしたりするということではない。きちんと議論をしたうえで、互いに納得できる結論を導き出せるようになっているということ。だから、議論に負けたほう、主張が通らなかったほうも納得している。当然、決まったことには従う」

「組織のみんなが、それぞれの考えや個性、功績、経歴などについて知っている。そして、どういうことを目指しているか、それぞれの思いについても知っている。

個人のレベルとは別に、組織としての大きな目標、つまり『強い思い』が共有されている。その『強い思い』は明文化されており、議論の対象にもなっている。それを実現するために何をすべきか、みんながそのことを考え、前向きに取り組んでいる。そして困っている人がいれば、助け合うことになっている」

――という状況です。

「全部とは言わないけど、大体そんな風になっていると思いますよ」

そういうことならば結構な話です。しかし、多くの場合、「社内の空気は悪くないし、和気藹々とやっているから、まあそんな風になっているのでは」という程度の状態ではないでしょうか。自分自身が、望ましい状況を作る、あるいは維持するために主体的にかかわっているかと問われれば、「そこまではないかもしれません」と答えるのではないでしょうか。

みなさん、本音ではこんな組織が望ましいし、自分でも積極的にそういう状態を創り上げたい、そうしなければ変化には対応できないし、新しいイノベーションなど起こるはずがないと気づいています。しかし一方で、「自分が主体的にかかわるというよりは、上がそういうことを推進するならば従う」というくらいのスタンスの方が多いのではないでしょうか。なんといっても組織である以上、まずは上司からの指示、上層部の決定が優先される、と。第2章で登場したZ社はまさにこういう感じでした。

本心では、このような従来型のタテ社会的な風習や考え方に従っていては、イノベーションなんて無理だということはわかっているはずです。それでも、下手に思い切ったことを自分がやったら、ヤブヘビとなって失敗するかもしれない。そうなれば組織に居場所はなくなる。そんな恐怖心から身動きが取れない人もいるかもしれません。

一方で、上司や上層部もまた、みんなが主体的に関わって、このような状況を作らなければ会社の未来はないとわかっています。しかし、部下は目の前の仕事に忙殺されていて、主体的にこういう大きな話、将来を見据えたプランにかかわろうとはしない。だからといって、自分がやるかと言われれば、やはりせっかく得たポジションを失うリスクを考えると、恐怖心から身動きが取れない。

このように双方が、「そうなればいい」ということはわかっていても、「誰かがやってくれるのなら協力する」といった受け身のスタンスでいる。そんな組織が多いのではないかと推察します。

もちろん、それでも安定して収益や成果を挙げられる領域ならばいいのです。しかし、多くの企業や組織はそういう状態ではないはずです。

もう変革を待ったなしで進めるべき状態のはずです。時代に取り残されないためには、まずは、学び合える土壌だけでも早く作らなければなりません。

なぜ「土壌だけでも」なのかといえば、そこからさらに普遍的で上質な学びを浸透させて、変革を実行できる人材を創り上げるには、ある程度時間がかかるからです。その土壌の上で、それぞれが高い視点を維持し、自己完結的に試行錯誤を繰り返さなければ、知見を統合的に組織に反映することができません。

もっと簡単に言うと、失敗が許されて、いろんな議論ができる土壌があって初めて、深い学びから、自分自身の実力を高めることができ、それを組織にいい形で反映できるようになるということです。上司、部下も関係なく、このことができない組織は、急速に市場価値を落として、ダメになっていくと私は考えています。少なくとも、みんなで学べる土壌を作ろうとし、さらにそれぞれが学びを深くできる環境を整えた、もしくは準備した組織と、そうでない組織では、これから数年の間に、とてつもなく大きな差ができることは間違いないでしょう。

コミュ力を上げよう

話を少し急ぎ過ぎたかもしれません。先ほどの①~⑩に戻りましょう。

①~③は、コミュニケーション力に関連した項目です。ビジネスの世界では、相手を動かす力と言えます。単なる意思疎通ができても、仕方がありません。相手を動かし、自分も動かされる相互作用があってこそ、何かが創られるエネルギーができてくるのです。

順番に見ていきます。

①お互い言いたいことが言い合えるようになっていますか。

これにイエスと言える組織は、思ったことを好きに言っても、相手が許容してくれる、もし、否定されたとしても、それはその意見に対しての否定であって、人格を否定するわけではない。そんな認識が共有されている安心感のある組織だということでしょう。

このような安心感を醸成するには、構成員たちに、お互いの仕事（何をやろうとしているのか）や気持ちが見えていて、信頼しあっていなければなりません。人間、見えているものには、安心できますが、見えていないものは信じられず、恐怖さえ感じるものです。自分のやろうとしていることや気持ちを自ら開示し、相手から見えるようにしておくことが、思い切った発言を引き出します。

組織の中で信頼を生み出すのは、一貫性と有能さです。

「この人は、どんなときも必ず組織のためにコミットする」「私のことを常に考えてくれている」「できなくても精一杯の努力をしている」など、言動に一貫性のある人は信頼されます。ただし、その人にある程度の有能さがなければ、本当の信頼を勝ち得ることはできません。考えてもみて下さい。

どんなに性格が悪くて、自分のことしか考えない嫌な奴であっても、有能であれば、その能力だけは信頼される。人間、そんなものでしょう。「善事を為さざる善人よりも、善事を為しうる悪人の方が信頼できる」とは、名古屋の地下街を作った山口達郎さんの言葉だそうですが、蓋し名言だと感じます。

要するに、本当に言いたいことが言い合えるというのは、各自がこの一貫性と有能さを持ち合わせられるように努力し合わねば成り立たないでしょう。難しいことは言いません。少なくとも、それぞれが「約束は守る」「どんなことでもいいので何かを勉強している」という状態は作りたいものです。

②言いたいことを言うにあたり、相手を論破するのではなく、ちゃんと議論できていますか。

③そのうえで、共感を生んだり、納得させたりしてちゃんと相手を動かしていますか。

ここで問うているのは、しっかりした対話する習慣が根づいているか、ということです。相手の言っていることの意味を理解し、こちらの言っていることもしっかり説明して理解を得る。そのうえで、どのようにすべきかを一緒に考える技術と言っても過言ではありません。

①にも関係しますが、上司が言いたいことを言って部下は何も言えない組織は言語道断です。我の強い人や言葉巧みな人が相手を論破することで幅を利かせる組織も、いい組織とは言えません。いい組織とは、力のある人こそが、いつも声なき声を聞く努力をしている組織です。あなたの組織は、人の意見を聞いたうえで、その意味はなんなのかを考え、それを共有し、であればこうした方がよいのではと次につながるさらにいい案を導いているでしょうか。

もちろん、発言する方も、ただ聞いて欲しいと願っているだけでは駄目です。言いたいことを明確にし、伝える努力をしなければなりません。言いたいことが伝わらないことを嘆く前に、努力不足ではないかと疑うべきでしょう。

なぜあの人の話はトンチンカンなのか

参考までに話が伝わらない人がチェックすべき点について説明しておきましょう。ポイントは二つあります。

一つは、話していることの「課題感」がみなとズレていないか。もう一つは、話の中身が論理的に構築されているか。

前者から説明しましょう。会議などでの議論では、文脈というものが存在しています。Aというテーマについて議論する会議であっても、（a）、（b）、（c）……と議題が次々変わっていくのは普通のことでしょう。（c）について皆が話している時に、（a）について話せば、話が伝わらない可能性は当然高くなります。

実はこういう人は少なからず存在しています。本人の頭の中ではずっと（a）のことがひっかかっていたので、それを持ち出したのかもしれません。しかし他の人たちにとっては唐突で、何が言いたいのかわからない、ということになります。

もしも自分が文脈をきちんと読めているかどうか不安なまま発言するときは、「このことについて話しますが、いいでしょうか」と断り、他の人と課題についての認識を共有するように心がけてください。

後者の論理的か否かというのは説明を要さないでしょう。論理的ではない話は、理解してもらえないリスクが高いのです。そういう話し方が苦手だという人は、話したい内容を事前に整理して、順番を考えておく必要があります。同じ内容であっても、発言が許される時間の長さによって、変えるというのも一つのやり方です。

たとえば発言時間が短いときには「結論→根拠→背景→方法」という具合に結論を先に言う順番がベストです。一方で、時間があって文脈をみなで共有したいときなどは、背景や根拠から先に述べていき、方法を解説し、結論を最後に述べるのも有効でしょう。

組織のコミュニケーション力を上げようとするならば、全員がその方法とルールやマナーを認識し、そのための努力を惜しまないことが重要です。まずはその認識を共有しなければなりません。

あなたの組織は、コミュニケーション力が高く、いいことに対して、すぐに意思統一が図れ、それぞれがそれぞれを迅速に動かし、事を為す状態になっているでしょうか。皆でコミュニケーション力を上げるための何らかの努力を、組織的に行っているでしょうか。

関わりを深めよう

④〜⑥は、関係性に関連した項目です。どんなにいいコミュニケーションを取っていても、いい関係性が存在していないと相手は動いてくれません。人は関係性で動きます。「言っていることは正しい。理解できる。でもあいつのことが嫌いだから絶対に協力しない」

残念ながら、組織ではこういうことは珍しくないのです。嫌われている方は「私の意見のほうが絶対正しいのに、周囲は理解してくれない。バカばっかりだ」などと怒り出します。しかし、実は周囲は理解したうえで、理解していないフリをしている場合もある。そこが見えていないのです。

これと逆に、いい関係性ができていると、少々説明が足りなくても、なんとか相手のために動いてやろうというのが人間です。

では、どんな風にしていい関係性は作れるのでしょうか。それは、①〜③で話したコミュニケーションの蓄積をする過程で、相手のことをよく考えることが大事です。

④組織に所属する人たちがお互いのことを本当の意味でよく知っていますか。

これは毎日言葉をよく交わすとか、付き合いが長いというような表面的な関係性のことを言っているのではありません。彼は、どんな生い立ちで、何を目指してここに居て、何をしようとしているのか。今、彼にはどんな夢を持ち、そのためにどんなことを学び、努力をし続けているのか。将来は、どんなトピックスがあり、それに対してどんな気持ちをもっているのか。など、その人の奥の深いところまで理解して初めて、「よく知っている」と言えるのです。

近年、個人の事情について聞くことが困難になっているのは事実です。立ち入ったことを聞くと、たとえ善意でもハラスメントだと受け取られかねません。そんなこともあり、職場における人間関係の希薄化が進んでいます。

私からすれば、こうした状況を放置しているのも、「場当たり的」組織運営だと言わざるをえませんが、放っておけば、今後益々この傾向は強まっていくでしょう。

しかし、それでは学び合う土壌は作れません。仲間たちが何を目指しているのか、それはなぜなのか。そんなことを知らないまま、仕事上いいパスが出しあえるとは思えません。

「彼ならこのことに興味があるはずだから彼にやらせてみよう」「彼はあの件で今は手が一杯に違いないので、頼むのは憚《はばか》られる」「彼は今までこんなことに頑張って来て得意だ」等々。

その人の経歴、実績、性格などがわかっていて、初めていいパスが出せるのです。少なくとも上司の立場にいる人は、こうした個々の事情を把握するために、全員に取材をさせてもらうくらいの努力はしてもらいたいものです。

「そのへんは、部会で飲みに行くという形でやっています。若い人も意外と飲み会を嫌がらなくて仲良くやっていますよ」

そう言う方もいることでしょう。もちろんそうした親睦会的なコミュニケーションの効用は否定しません。ただし、冷静に実態を見た場合に、上司が言いたいことを言って、気分を良くするだけの飲み会になっていないかには気をつけたほうがいいでしょう。飲み会をセットしただけで関係性の構築、向上につながると安易に考えてはいないでしょうか。

もしも飲み会の開催そのものが何らかの決め手になると考えているのならば、考えを改めてください。少なくとも上司としては飲み会にあたって、それぞれの部下に話を事前に聞いたうえで、飲み会の場で誰に何を話してもらえばいいかといったことまで周到に準備するくらいの工夫は必要です。

⑤そうなるために、お互いの「思い」をときどき交換し合っていますか。
⑥みなさんの関わる組織はどうあるべきか、皆が共通の「思い」を持つまで話し合っているでしょうか。

⑤⑥にあるように、ときどきは自分の仕事や人生の「思い」を部下に話し、逆に部下の「思い」を引き出し、それがもっと質の高いものになるよう話し込むことが望ましいでしょう。前章で述べたように、部下に高い視点を持たせるのは上司の仕事です。さらに、組織全体がどうあるべきかを議論し、それに対してみんなの共通の「思い」になるように働きかけることも当然のことです。

いい関係性というのは、お互いを知り、それぞれの「思い」を交換し、そのうえで共通の「思い」が持てるように、時間をかけてコミュニケーションしていく（相手を動かし、相手に動かされる）工程を経てでき上がります。一朝一夕にはでき上がるものではありません。あなたの組織はお互いにそんないい関係性を作れているでしょうか。

腹落ちを作ろう

学び合う力を高めようと思うならば、それぞれの腹落ち、つまり納得感が重要です。人は、物事を他人事ではなく「自分事」として捉えて初めて、行動し始めます。

最近はどの組織にも、情報が溢れるあまり、それにいちいち対応することができずに、混乱したり、無気力感を味わう人が多くいます。そんな状況下で、ただ一方的に、「目標はこれ。君のやるべきことはこれ」とビジョンやミッションを言い渡されても、なんとなく腹に落ちなかったり、やる気がでないのは人として当たり前のことです。

「このビジョンやミッションは、幹部で何度も議論して作り上げたものだ。みんながそれを理解して行動するのは当たり前、もしそれを理解していない社員がいるなら、それはそれを浸透させていない幹部、管理職が悪い」

このように考える会社があるなら、それは人の心理を全く分かっていない経営者や経営陣が揃っている会社と言わざるを得ません。

⑦〜⑩は、そんな人のモチベーションとその持続力に関する項目です。

⑦その「思い」は共通の目的、目標として言葉になり、明確になっていますか。
⑧その目的、目標に全員が前向きな感情を持ち、それぞれが何かをやろうとしていますか。
⑨その目的、目標に到達するために、それぞれの役割が明確になっていますか。
⑩さらに、その目標に到達するために、お互いが教え合ったり、助け合っていますか。

⑦は、⑥で話し合われたことが、全員の腹に落ち、それが体現できる言葉になっているかということと直結します。会社のビジョンやミッションを、「経営者や経営陣が勝手に言っていること」と思うのではなく、みんなが自分の事として捉え、自分の「思い」をこの組織で実現するためにも当然の内容だと腹落ちしていることが重要です。

人は、「これを実現させれば自分にとっていいことがある」と思い、高揚感を持ったときにモチベーションを高めます。さらに、それを達成するための手順が分り、自分で主体的に動けているという感覚や信念を持つことで、モチベーションは持続します。

⑧⑨は、そのことを問いかけています。つまり組織が、ビジョンやミッションが実現

すれば、いいことがあるという高揚感を作り出せているか。また、現在の自分がそのために貢献できているという気持ちが持てるようにしているか。

これが実現できている組織では、構成員のそれぞれが自ら役割を認識し、正しい手順を踏み、自発的に努力し、学べる状態になっています。この状態があってこそ、「強い思い」から正しい戦略が作られ、その戦略に基づいた戦術が次々繰り出されるのです。

もし、このようになっていないとするならば、今一度、自分達はなんのために集っているのか、どうなることが理想なのか、どうあるべきなのかを、全員で話し合う必要があります。

「下っ端は、四の五の言わずやるべきことをやるだけ」

こういう考え方は、「場当たり的」を生む元凶です。組織の生産性を著しく下げると肝に銘じて慎むべきでしょう。

この手の考え方は、精神論の一種と言えます。「四の五の言わず」というのは、要するに理屈はさておき、ということだからです。私は決して精神論を否定はしません。しかし、精神論は、合理的で科学的な判断があることが前提です。そのうえで、それに動力を与えるものとして捉えるべきです。ビジネスの世界では、精神論が先行して、いい結果に結びついた例はありません。

困ったことに、「四の五の言わず」というやり方を好む人は、上にも下にもいます。たしかに戦術レベルのことを進めるうえでは、あまり考えずに馬車馬のごとく働く人材が重宝されるという面もないわけではありません。

しかし、それはあくまでもかつての「いい時代」だから通用したやり方です。単純作業どころかかなりの知的作業すらＡＩに取って代わられる時代において、そのようなやり方はもはや意味がありません。自分で学び続ける姿勢を持ち、自分の頭で考える習慣を持たない人に将来はないのです。そして、そういう習慣を持たない人で占められた組織にもまた将来はありません。

いいストーリーの必要性

経営者や経営陣、上司たちは、ビジョンやミッションを社員など構成員全員に理解してもらおうとするならば、それに対応するストーリーをふんだんに用意しておくことを考えましょう。なぜこれを目的とするのか、そのためには何をすべきか、それが達成されることで何を得られるのか、そのために各人は何が期待されているのか。これを一つの流れ、すなわちストーリーで説明できなければいけません。

いいストーリーは、自分が置かれている状況について理解を深めるのみならず、その先の筋書きを予測し、自分が担うべき役割を知ることに役立つからです。この場合、それぞれの人は、先の筋書きや役割については、「自分」を主人公として考えます。ここが重要なのです。

つまり、人から押し付けられた結論ではなく、自分で行き着いた結論を手にすることになるのです。子供のときに、勉強しろとか努力しろとか直接的に言われるよりも、「ウサギとカメ」や、「アリとキリギリス」等の童話を読んだほうが、努力の重要性を学べたのではないでしょうか。

こういう童話は、物語を読んだ子供が「そうか、怠けているとロクなことにならないんだな」と自分で結論を出せるように工夫されているからです。

安全を徹底させるのに、安全という言葉を100万回言うより、それを怠ったばかりに人が死に、家族を悲しみが襲ったストーリーを1回話すほうが、皆の襟を正すには十分なことになるはずです。ストーリーにはそんな効用があります。

社内マナーの大切さ

⑩さらに、その目標に到達するために、お互いが教え合ったり、助け合っていますか。

そして最後の⑩では、それぞれが自立していながらも、相互に依存を実現できる関係性を創り出せているかどうかということです。平たく言えば、お互いの異なる部分や、嫌なところも許容しあって認め合いながらも、教え合ったり助け合ったりできているか。

ここで大切なのは、お互いに対するマナーです。

同じことを伝えるにしても、タイミングや言い方、伝え方で気持ちよく受け止められるかどうかはかなり変わります。上司から、権威的に直接言われるよりも、年齢の近い先輩から諭すように言われるほうが聞きやすい。人は論理より感情が優先しがちです。

いくら正しいアドバイスや提案であっても、高圧的に言ったり、相手の状況も考えずに押し付けたりすれば、感情的な反発を招きます。また、相手の性別や年齢、立場などによってＮＧワードのようなものもあるはずです。

同じ組織に所属していて、同じ「思い」を共有しているからといって、何でもずけずけ言えばいいというものではありません。マナーや配慮が必要なのです。

みなさんの会社は、何事を話すときも、そのようなマナーや配慮の行き届いた状態を意識しているでしょうか。実は、この細やかな配慮こそが、学び合うという組織を作り上げるには物凄く重要なことなのです。

人を前向きにさせようと思ったら、まず相手を認め、そのことが相手に伝わるような言動を心掛けて下さい。特に上司は部下に配慮すべきです。もちろん部下も、上司に対する配慮は忘れないようにしないといけませんが、全体をまとめようと思うなら、上の立場にあるリーダーの率先垂範を期待します。

「その企画、全くダメ。能力低すぎ」

といった完全否定から入るのは当然NGです。せっかく提案してきたのに、「そんなの求めていない」「必要ない」といった消極的な態度を見せるのもNGです。また、「学生のときに何やってたの？　打ち込んできたものがないからやる気でないんじゃない？」といった能力や生い立ちなどを否定するのは、ダメ出しに追い打ちをかける行為ですから、特にNGです。

みなさんの努力により、このような学び合える土壌ができ上がったなら、「強い思い」

から始まる戦略を作り、それを戦術に落とし込んで全員で実行を繰り返して頂きたいと思います。もちろん、ここまでに述べた「場当たり的」の罠に陥らないように気をつけてください。

最後に一つ、個人的な思いで付け加えさせていただくならば、利他の精神を忘れないでいただきたいと思います。

近江商人を引き合いに出すまでもなく、日本には、他人の利益を考え、それを満たすことが自分の利益にも繋がると考えられる人が多く存在します。個人的には、最近またそういう人が増えてきているようにも思えます。

情けは人のためならず。別にライバル社に容赦せよというのではありません。組織内や取引先との関係において、なるべく「自分だけいい」という状態を作らず、関わった人みんなにメリットがあるように心がけて欲しいと考えます。そのうえで、全員が当事者意識を持って事に当たれば、きっとその組織には明るい未来が待っているはずです。

今、この場の利益、目先の利益、自分だけの利益を追求すると「場当たり的」になってしまいます。それでは理想の自分や組織には近づけません。

みなさんの未来は、みなさんで作るのです。今こそ、総戦力で戦うときなのです。

あとがき

「場当たり的」をキーワードに組織や働き方を論じてみてはどうだろうか。このアイディアは、編集者と雑談をしているときに出てきました。会社や国も、何処へ向かって行ったらいいのかよくわからない状況に陥っているのではないか、このままでは、世の中がこれだけ変化が激しい状況の中で、対処できない組織や人が多くあらわれるのではないか。そんなことを話しているうちに、あまりにも「場当たり的」に生きていることが気になる、それってなぜなのか、どうすればいいのかなどと話が展開し、営業を直観的なものではなくて論理的、科学的に捉えてきた北澤さんならそれが書けるのではないですかと言って頂いて始まったのです。

私は、直観的に物事を決めることを否定してはいません。むしろ、自分のキャリアなど、進むべき方向性を決めるときは、自分の直観に従った方がいい選択ができると思っています。中途半端な情報収集や無理やりな論理的意思決定は、先に結論ありきの決め方にしかならず、本当にその人が活き活きとし続けられる選択にはなり得ないと思えるからです。

人は、自分の感覚で選択した先を予測し、楽しそうと思える方を選んだほうがよい結果を生み易いと私は考えます。なぜなら、その方が、その途中で起こる困難を易く乗り切れます。困難を困難と思わないかもしれません。幸せに思える理由をあとから作ることも容易でしょう。それは、その決定が論理的でなくても、自分が長年生きることで培ってきた五感がその状況を心地よいと判断するからだと思います。それに抗《あらが》う選択は、それこそ、目先の利益や世の中の情勢に合わせた判断で、自分の今までの生き方や考え方とは違うことを強いられることに繋がります。それでは五感が喜ばず、結局は挫けることになり易いと思うのです。

しかし、その直観的にものごとを決める力を鍛えるためには、日頃から多面的で広いものの考え方を持つ習慣と、「思い」を強くしそれを成し遂げるための計画的で戦略的なものの考え方を身につけることが必要です。それこそが、「場当たり的」になってはダメな根本の理由です。人は大事なことは直観で決めます。本書は、その判断を間違わせないため、不幸な方へ行かせないために少しでも役に立てば、と思っています。

日本人として感じるのは、平成の最後の年に当たり、もう一度いい国、いい組織を作るには、今が正念場だということです。この30年間、天皇陛下皇后陛下の戦争被災地や災害被災地に駆けつけられ、人を労わる言葉をかけ続けられた言動をみていると、お二人こそ、最も「場当たり的」でなく生きて来られた、日本人のお手本ではないかと思えてなりません。

日本の近代から現代にいたる道を見た際、敗戦とGHQの占領によって国全体が「場当たり的」な体質になってしまったのではないか、という気がします。アメリカ、GHQの方針により、戦前から戦時中の日本が持っていた「強い思い」はすべて否定されました。むろん、そのすべては肯定できないにしても、完全に否定されるべきものではなかったはずです。しかし、とにかく日本は世界に対して悪いことをした国であることが前提とされ、日本を賛美するようなこと、日本人が誇りを持つようなこと、日本人が日本に生まれてきてよかったと思えることの教育や報道は憚るべき、口にしてはいけないという風潮が長く続いたように感じます。

国家としての理想、目指すところなどを語ると変わり者か右翼のような扱いを受ける風潮が非常に強かったと思うのです。そして、そんなことよりも目先の利益、経済的発展を追求すればそれでよい、という考え方が蔓延しました。「強い思い」なしで「戦術」のみを追い求める企業と同じです。

しかし、こうした風潮も、東日本大震災で大きく変化した気がします。あまりに痛ましい災害でしたが、人との繋がりや地域の大切さなどを強烈に意識させるきっかけにもなりました。結果として、日本人が本来持っていた利他の精神を再び思い出させてくれたと思うのです。他人を蹴落とすよりも、互いの繁栄を望む。個人の利益よりも分け与えることの美徳を重んじる。人のために惜しまず労力や時間を割くことを尊ぶ――日本の本来の良さを見直す大きなきっかけになった気がしてなりません。

こうした日本人の価値観を体現なさっていたのが、天皇陛下だったと私は思っています。いろいろと仰りたいこともおありになったでしょうが、ひたすら自分の役割を黙々と果たし続けられた、我々の手本になるべき天皇陛下皇后陛下が退位される時代の節目にこの本を出せることになったことを、喜ばしく感じます。私と多くの物語を共有して下さった読者の皆さんに感謝して筆を擱きたいと思います。

ありがとうございました。

北澤孝太郎

北澤孝太郎　1962（昭和37）年生まれ。東京工業大学大学院特任教授。レジェンダ・コーポレーション取締役。神戸大学経営学部卒業後、リクルートに入社。日本テレコム執行役員などを経て現職。

Ⓢ新潮新書

804

「場《ば》当《あ》たり的《てき》」が会社《かいしゃ》を潰《つぶ》す

著　者　北澤孝太郎《きたざわこうたろう》

2019年３月20日　発行

発行者　佐　藤　隆　信

発行所　株式会社新潮社

〒162-8711　東京都新宿区矢来町71番地
編集部(03)3266-5430　読者係(03)3266-5111
https://www.shinchosha.co.jp

印刷所　株式会社光邦
製本所　加藤製本株式会社

ISBN978-4-10-610804-4　C0234

価格はカバーに表示してあります。